连接更多书与书、书与人、人与人。

好内容无价

首次解密48个全球顶级内容营销实战案例

严启明 著

当代世界出版社
THE CONTEMPORARY WORLD PRESS

图书在版编目（CIP）数据

好内容无价：首次解密 48 个全球顶级内容营销实战案例 / 严启明著 . -- 北京：当代世界出版社，2017.6
ISBN 978-7-5090-1232-1

Ⅰ . ①好… Ⅱ . ①严… Ⅲ . ①网络营销－案例 Ⅳ . ① F713.36

中国版本图书馆 CIP 数据核字 (2017) 第 151114 号

好内容无价：首次解密 48 个全球顶级内容营销实战案例

作　　者：	严启明
出版发行：	当代世界出版社
地　　址：	北京市复兴路 4 号（100860）
网　　址：	http://www.worldpress.org.cn
编务电话：	（010）83908456
发行电话：	（010）83908409
	（010）83908377
	（010）83908423（邮购）
	（010）83908410（传真）
经　　销：	全国新华书店
印　　刷：	北京欣睿虹彩印刷有限公司
开　　本：	880 毫米 ×1230 毫米　1/32
印　　张：	8
字　　数：	260 千字
版　　次：	2018 年 8 月第 1 版
印　　次：	2018 年 8 月第 1 次
书　　号：	ISBN 978-7-5090-1232-1
定　　价：	49.90 元

如发现印装质量问题，请与承印厂联系调换。
版权所有，翻版必究，未经许可，不得转载！

推荐序一

在2015年世界营销峰会（World Marketing Summit）期间，被誉为世界营销之父的美国西北大学凯洛格管理学院终身教授菲利普·科特勒提出"Digitalized, or Died!"，随后菲利普·科特勒教授于2016年推出其新著Marketing 4.0 Moving from Traditional to Digital。我们的经济生活已经步入数字经济时代，在中国数字化产业对GDP贡献率已达到30%，同时我们的营销也随之步入营销4.0时代，即数字化营销时代。在数字化营销时代，营销与品牌传播的模式也已发生深刻变化，正从传统的AIDMA法则（Attention（注意），Interest（兴趣），Desire（欲望），Memory（记忆），Action（行动））逐渐向含有网络特质的AISAS法则（Attention（引起注意）Interest（引起兴趣），Search（进行搜索），Action（购买行动），Share（人人分享））转变。

AISAS法则中最前端的两个阶段，即Attention（引起注意）和Interest（引起兴趣），其支撑就是内容营销

好内容无价
首次解密 48 个全球顶级内容营销实战案例

（Content Marketing）。内容为王，好的内容才可能引起注意，并引起兴趣，才能实现有效的营销与品牌传播。

欣喜地看到严启明先生的这部新作《好内容无价：首次解密 48 个全球顶级内容营销实战案例》，让处于营销 4.0 时代的我们耳目一新。本书通过生动活泼的案例，为我们探寻在营销 4.0 时代的创新与变革营销以及品牌传播的模式提供了有力的借鉴。

我与严启明先生结识已 5 年有余，期间拜读过严启明先生的著作，包括《胜在营销——中小企、创业者、准备成功的生意人必读 10 课》《赢销策略——打造品牌必读 50 例》和《赢销 i 档案——16 个 e-Marketing 案例之最》。严启明先生此次新作《好内容无价：首次解密 48 个全球顶级内容营销实战案例》保持了以往著作深入浅出、案例鲜活、易读易懂的特点。中国贸促会商业行业分会在为中小企业、高等院校提供专业培训和咨询辅导时，我都经常引用严启明先生著作中的相关案例，均深得中小企业管理人员和高等院校教师的欢迎和喜爱。

我很荣幸地有机会推荐这本著作，并热切期待严启明先生的下一部著作。

姚歆

中国贸促会商业行业分会秘书长

亚洲营销联盟（AMF）中国首席代表

全球华人营销联盟（GCMF）副主席

推荐序二

身处数字营销的大时代,内容营销无疑是大学问,如何做,谁人做,为谁做,更是学问中之学问,是重中之中,博大精深。

难得严启明先生通过本书海量式的个案及原创性的研究,深入浅出,抽丝剥茧,为内容营销作出系统的专题论述,揭开其神秘面纱,总结出值得借鉴的经验与实践。

企业营销从来不容易,内容营销更是难上加难。严先生累积多年在营销市场的心得,通过生动的笔触,阐述跨行业小故事,解构内容营销大学问,无私分享其独特见解,启发时下市场人员驰骋于共创、共享的营销新世代。

执笔为序,与有荣焉。

陈裕光博士

大家乐集团前主席

中国香港企业管理发展中心主席

中国香港市务学会荣誉主席

推荐序三

想了解什么是内容营销吗？想掌握如何有效地进行内容营销吗？想知道如何评定内容营销活动吗？答案就在这本书里！48个全球顶级内容营销案例首次解密，为你带来内容营销的饕餮盛宴！内容之新颖、思路之流畅、逻辑之缜密，令人赞叹！是你快速了解最新的内容营销思路，理解内容营销精髓，掌握内容营销技能的必备武器！

刘建南

香港中文大学市场学系教授

推荐序四

生活在一个信息爆炸的年代，是非常恐怖的！我们每天都从不同的媒介直接或间接地接收着各种各样的"好料""废料""坚料""流料"，令脑袋变成一个杂货摊，千丝百缕，解不开，理还乱。

严启明先生的新作《好内容无价》，正是为我们解开了内容营销的困扰。

我不清楚严先生花了多少时间去准备本书内容，但却令我省却不少时间去立体地深入了解市场营销的真谛。书中不但罗列了全世界48个很出色的营销案例，更把案例分门别类地区分开来，令读者更方便阅览！

作者还在多个案例上加上注释，对了解案例的优点很有帮助。对于一些初步接触营销的读者来说，作者在开篇便有内容营销深探，把互联网内容营销与传统营销，详尽地介绍出来，并罗列了多种创作方式及应用方式，读完了这部分，相信大家也快成营销专家了。

本书涵盖内容范围广泛，但却井井有条，深入浅出地介绍了各种营销方式。它既是一本易懂、易明的教科书，也是一本好用的营销工具书。我深信作者花了很长时间去筹备及写作，才能令读者花很少时间，便能全面掌握最新的营销知识。

我很荣幸有机会在此向读者推荐这本书，也热切期待严先生的下一本著作。

邓柱

《中国广告风云榜》

中国最具影响力的创意总监100人之一

推荐序五

很感谢本书作者严启明先生的邀请，让我为他的新书《好内容无价》写序，感到万分荣幸。

作为曾经担任英国最大的金融机构（上市公司）、美国最大的电信机构（上市公司）、中国最大的金融信息服务机构市场营销部门的管理者，小弟一直在寻找一本既有理论基础、更有实践经验，不仅可以启发我们在协助企业和创业者成功推广他们的产品与服务，更能够在现阶段竞争异常激烈的市场中突围而出的书籍。

在等待了30年之久的今天，理想中的这本书出现了。

我发现这本书，将原本复杂的问题简单化。不像在一些大学或专业培训机构的课程中，会使用很多专业的名词，让原本简单的内容复杂化，让人难以理解。

在本书中，作者将很多商业传统的智慧，使用"WHAT""WHY""WHO""WHOM""HOW""TO BE""CREATIVE"等思维方法让读者很容易理解。这其中，我觉得最精彩的应该是"TO BE"用预测与推理的方法,来展示内容营销的发展与未来。

本书的48个案例分析,都说明了一个情况:所有的历史都是重复的。所以大家可以从这48个案例分析里面,发现有效的、引发读者思维衍生发展出未来的"TO BE"。

同时,我觉得,作者书中推荐的内容营销手法是比较温和的,在当今社会也比较容易让人接受。而美式的手法"推 PUSH",是比较强势的,这种方式方法在现在这个社会使用有些困难。

内容营销,有点类似中国的太极和内功,是以无声无息的方式慢慢渗透到消费者的日常生活当中,进而在不知不觉中改变消费者的购买行为。

这种在不知不觉中完成的行为,也是现在很多创意企业正在使用的、类似"四两拨千斤"的方法。他们使用这种方法战胜大型的传统企业,好像"以柔制刚""以软制硬"。

因此我非常推荐从事市场营销行业的朋友,尤其是想战胜传统品牌巨人的朋友阅读本书。这本书将是你最有利的帮手,也是你修炼内功的秘籍,可以帮助你在无形中战胜对手。

书中有很多的数据能够真实说明内容营销如何优于传统营销,在此我就不展开一一细说。小弟期盼作者能够出版更多相关的书籍,我期待这本书会像作者所希望的那样,只是抛砖引玉,从而吸引更多的企业家、创业者分享自己的成功经验、心路历程,让更多的人受益。

最后预祝大家,通过《好内容无价》这本书,能够在最短时间内成为内容营销的专家,赚得盘满钵满。

虞堂根(Peter)先生

意缘网络科技(上海)有限公司联合创始人兼主席

目录 CONTENTS

第一部 内容营销深探

WHAT：内容营销是什么？ / 3
互联网营销，务须专注内容 / 3
从数据看内容营销 / 7
专家金句：内容营销的本质与内涵 / 15
专家金句：谈内容营销的受众、预测及回报 / 19

WHY：为何要搞内容营销？ / 23
内容营销6大回报优势 / 23
深层了解内容营销：18个鲜为人知的秘密 / 25

WHO：谁去做内容营销？ / 40
内容营销团队的分工和职责 / 40
新模式：众包内容（Crowdsourcing） / 44

WHOM：受众的研究 / 47

受众的形态 / 47

细分潜在顾客，发挥内容效益 / 50

TO BE：内容营销的发展与未来 / 54

IoT：内容营销走进物联网世界 / 54

把数据变成内容 / 57

第二部 做好内容、有效发布

HOW: 基本点—— 如何做好内容营销？ / 63

策略：优秀方向为成功之始 / 63

图片：几招搞好图像内容 / 66

信息图：寻求好策略！ / 69

境态："场景"概念深化内容生态 / 76

互动：为内容增添活动元素 / 79

建立"内容库"，准备好将来 / 83

人员：招聘"六力俱优"的人 / 85

HOW：深层策略——怎样做得出色？ / 90

形式：以矩阵图作策划工具 / 90

创意：怎样的内容才算好？ / 95

技术：速度 4 式 / 99

精准：A/B 测试推算受众喜好 / 104

目录

原生广告：这样做便成功 / 107

HOW：如何发布内容？ / 115

"聪明内容"——让内容更具价值 / 115

具备 4 大特征，才算"聪明内容" / 118

搜索引擎改变了移动内容生态 / 122

让内容占据最佳搜索排名位置 / 124

内容发布"6 部曲"策略 / 128

HOW：如何评核内容？ / 132

内容策略大战！CTR vs RTR / 132

评估内容成效的 KPI / 134

财务相关的指标 / 138

HOW：赢取内容营销奖项 / 142

赢取奖项的 5 大秘诀 / 142

CMA 内容营销奖项类别 / 144

第三部　理论 + 环球案例

CREATIVE：创意推广篇 / 151

Emoji 作内容——小标志、大成就！ / 151

案例 1：Emoji Seience——一起来上 emoji 科学课 / 152

案例 2：3bi0638mwwa——用 emoji 作域名 / 153

平实地搞好购物网站内容 / 155

案例3：自然历史博物馆——加强网店物品销售 / 156

案例4：Ariat.com——加入视频，有助商品轮转 / 156

案例5：BeardBrand——以视像提供答案 / 157

案例6：Net-A-Porter——精致刊物俘虏消费者的心 / 157

利用歉疚感作内容营销 / 158

案例7：V/Line 城际火车 / 159

案例8：New Balance——引起共鸣的价值观 / 161

幽默感（含恶搞）赢尽人心 / 162

案例9：宜家家具——网民大赞！宜家创意恶搞苹果 / 163

案例10：柯文哲——九一记者节，客串当主播 / 164

案例11：JobSite——"抽水"之作迎合社会潮流 / 165

案例12：麦当劳麦乐鸡——终结"麦乐鸡非鸡"流言 / 166

为惊悚电影增票房 / 167

案例13：死亡占卜（Ouija） / 167

寻找撼动人心的内容 / 169

案例14：健力士纸巾——重返校园谢恩师 / 169

案例15：费雪（Fisher-Price） / 171

直播摇控，代你探索行程 / 172

案例16：澳大利亚旅游局
——遥控旅游（Remote Control Tourists） / 173

从吃辣开始说故事——王老吉的品牌定位 / 175

案例17：王老吉 / 176

目录

MEDIA：媒体与自媒体篇 / 178

令人食指大动的美味营销 / 178
案例 18：Tastemade 频道 / 178
案例 19：Grey Goose@Tastemade
——赞助的内容：游世界、叹美酒 / 179
案例 20：Day of Gluttony——搞个节目推广搜索功能 / 180

网上银行是怎样建成的？ / 180
案例 21：网上银行（Mint.com） / 180

向全球 3 大最佳博客取经 / 183
案例 22：Huffington Post——搜集读者想看的分析 / 184
案例 23：TMZ.com——用爆炸性标题吸读者眼球 / 185
案例 24：Business Insider——理解谁是读者 / 186

改写企业下沉的命运 / 187
案例 25：调研公司 Aimia / 187

助年轻人提升上位能力 / 189
案例 26：ShowMuse 学习网 / 190

中国人创办的国际博客 / 193
案例 27：LifeHack 博客网 / 193

走出象牙塔的学术品牌 / 196
案例 28：JSTOR 学术网站 / 196

打进中国市场的网络媒体 / 199
案例 29：VICE 原生广告网 / 199
案例 30：英特尔（Intel） / 201

书籍——塑造企业形象的最佳方式 / 202

案例 31：晶苑集团 / 204

案例 32：GlassDoor 人才网站 / 207

INTERACTIVE：互动与人才篇 / 209

求求您不要离开！/ 209

案例 33：Goupon——订户走了职员受罪 / 209

案例 34：HubSpot——我们还是好朋友吧？ / 210

案例 35：Yankee Candle——订阅停一停，订户抖一抖 / 210

案例 36：Email Monks——订户指定接收频次 / 211

案例 37：SideKick——先发制人先提"分手" / 211

自媒体与网红 / 212

案例 38：PewDiePie——全球最具影响力的打机青年 / 213

案例 39：Patoo@Afreeca——年收入数百万元的直播韩童 / 214

案例 40：中国最红 Papi 酱 / 216

写篇文章，不用交租 / 218

案例 41：BlogFabrik / 218

TECH：超群科技篇 / 221

VR 内容，价值万亿 / 221

案例 42：沃尔沃汽车（Volvo）
——虚拟试驾与碰撞汽车 / 222

案例 43：万豪国际（Marriott）
——超现实的时空转移旅程！ / 222

案例 44：麦当劳——开心乐园餐送虚拟惊喜！ / 223

案例45：纽约时报（*New York Times*） / 223

案例46：美职篮 NBA / 224

过滤一下，半年内增长300% / 226

案例47：SnapChat / 227

案例48：佳得乐（Gatorade） / 228

| 第一部 |

内容营销深探

WHAT：内容营销是什么?
WHY：为何要搞内容营销?
WHO：谁去做内容营销?
WHOM：受众的研究
TO BE：内容营销的发展与未来

WHAT
内容营销是什么？

互联网营销，务须专注内容

互联网的出现，影响着每个人的生活、传播及经营生意的方式，为配合这一新经济的新想法亦应运而生，称之为互联网思维。对市场营销从业者来说，产生了两大新兴事物：一是内容营销的兴起；二是社群媒体的流行；这两件新生事物，前者改变了营销的方向，后者改变了投放的媒介，为数字化营销环境开辟了新的天地。

本章先探讨一下内容营销究竟是什么？它又是如何在"互联网+"时代大行其道。

内容营销的定义

最通用的内容营销定义，来自美国内容营销学会（Content Marketing Institute）："内容营销是一种策略性营销方式，专注于创造及分配有价值、具相关性及一贯性（valuable、relevant and consistent）的内容，以持续吸引一群清晰的目标观众，最终导致顾客进行有利可图的消费行为。"

这个定义中有数个关键词：

有价值：必须是具有价值的内容，让观众或读者知道新鲜的事物或产生利益，否则谁也没有兴趣去读。

具相关性：内容须与产品、服务及品牌直接或间接关联，否则只是一堆文字和图片，没有产生营销的功能。

一贯性：内容营销是长时间地与受众沟通，必须贯彻始终，以改变读者想法、带领他的消费意欲为目标。

目标受众：就是品牌特定的目标消费群。

最终导致：内容营销切忌急躁"硬销"，而是需要潜移默化，让受众认同。

进行有利可图的消费行为：以内容改变客户的想法、提升品牌知名度，让受众读后搜寻更多相关信息、比较其他品牌与服务，并且购买产品或服务，最终成为忠诚的用户。

内容营销与传统营销有何不同？

传统营销多以电视、报刊等广告媒体为工具，由于载体宣传所需费用高昂，所以每次宣传推广时都要求一击即中；对受众来说，这些广告讯息都是"制造者或品牌主的话"，目的在于推销产品或服务，立场只从付钱的一方出发，往往不能尽信。这种手法被称为"push"，即"把东西推到用户中间"；或称为"干扰营销"（interruption marketing），在受众进行其他活动，如看电视时，把信息插播其中，强迫受众收看。

内容营销的手法较为含蓄温和。拜互联网的广泛应用所赐，很多内容的长度再也不像传统媒体般受到限制。因此，和大量广告相比，人性化的免费文章、视频、电子邮箱、短讯、书籍等，从信息、教育及娱乐角度出发，在各式各样的博客、社群媒体、网站上出现；目的是让消费者理解更多与品牌相关的人情事物，令他们对品牌建立正面的观感，并且渐渐推进到购买行为。

为世界大品牌所倚仗

不少世界著名品牌，包括：微软（Microsoft）、宝洁（Procter & Gamble）、思科系统（Cisco System）等，早已投放大量资源在内容营销当中。美国一项向1300家数码出版及培训的顾问公司的调查结果指出，91%的B2B（Business-to-Business，即由企业至企业）公司都采用内容营销推介自己的服务，而其中54%的企业认为，这样做能更佳地与客户交往及联结在一起（engagement）。内容营销并不仅限于B2B的企业，多年被英特品牌（Interbrand）公司排列全球品牌价值最高的快速消费品牌可口可乐也以此大张旗鼓展开营销宣传。该公司环球广告策略及优化创意副总裁Jonathan Mildenhall表示，可口可乐计划在2020年把营业额翻一番，并以内容营销作为主要策略！他说："要令客人具有新鲜感和高关注性，才能与他们联结互动；现在是一周7天、每天24小时的往来；想要在全球赢得生意，品牌需要不停地有'醒神'的好主意才行！"

为何内容营销较其他推广方式优胜？

对受众来说，减少了直接的、硬销式的广告，而以"软文"表达，并且由受众自由选看，毕竟较易接受。而文章之所以"软"，必须能在信息上、教育上,甚至娱乐方面提供一些新意或价值,否则其文章(内容)的可读性不高,就如任何的"烂广告"一样,也就吸引不到读者。

对品牌主或广告主来说,采用内容营销的优势更为明显。

其优势如下:

内容营销比广告持续更长时效。传统广告多在特定时间、特定渠道出现,而且出现时须按受众人数付费;内容营销则像一本不会过期的杂志,它放在互联网上,只要命题吸引人,就能通过搜索引擎找到,每次被受众看到,也无须另外付费。

读者与日俱增。由于时效特长,一个博客已可不断吸引读者阅读,还可被多次转发,令读者自动扩展及增长。

讯息可因人而异。较传统广告来说,电子内容更易于做到把不同讯息传递给不同的群组。一来网上群组更为细分,二来易于把内容专门化及个性化,有助"对不同人说最合适的话"。

与用户建立关系。电子化内容同时有助于读者进行互动、交流、联结,取得用户意见及建立大数据营销平台。最重要的,是能立即与用户建立一对一的关系,这一联结更可长期发展,而不是像传统广告般逐次(或每一项目)去吸引不同的用户。

增加竞争优势。如果竞争对手只选用传统广告,要达到采用内容营销的效果,很有可能要多花费数倍甚至数十倍的金钱;因为传统广告以逐次的成绩计算,而内容营销以累积而成。所以说,传统广告较为适合可以大撒金钱或谋求短时间获得收益的大型企业,而内容营销则有助于中小企业或谋求较长期获得竞争优势的企业及品牌发展。

内容营销花费多少才合理?

英国内容营销学会（Content Marketing Association，UK）2015年的一项调查显示，当地60%的消费者品牌采用内容营销，并拨出约20%的预算在内容营销方面，对比来看，受访公司只有14%的预算用于电视、11%的预算作网上广告及10%的预算作平面广告。这是一个很好的参考。换句话说，内容营销的预算应该要放相当大的比重，例如比电视、网络、平面广告多50%～100%的预算在内容营销方面！

从数据看内容营销

声称拥有5万名从事市场营销、销售及生意的专业人士名单，专门为客户"以调研为基础去制造需求（Research-based Demand Generation）"的研究机构Ascend2，在2016年6月发表了一份《内容营销趋势报告》（*State of Content Marketing*）[1]，得出以下对内容营销的看法。

---

[1] State of Content Marketing, Ascend2 and Research Partners, Published June 2016.

一切为了取得更多客户

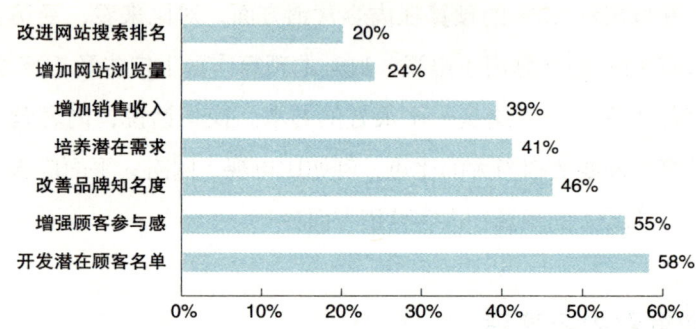

图 1-1　内容营销 7 个最重要的目标 [2]

毋庸置疑，没有客户，便没有生意。所以利用内容营销，最重要的就是寻找和拓展客户，目的是多做生意。依图 1-1 来看，7 项重要的目标之中，其中 5 项，包括"开发潜在顾客名单""改善品牌知名度""培养潜在需求""增加网站浏览量""改进网站搜索排名"都是与找寻新客户挂钩的；"增强顾客参与感""增加销售收入"两项，则是发展现有客户的关系。简而言之，搞内容营销，最重要的目的是：寻找新生意及加强现有客户的关系。

内容营销的成功机会与挑战

请参阅图 1-2，66% 受访者认为内容营销有助达成寻找或拓

---

[2] 原图以英文标示，可于 http://ascend2.com/home/latest-report/ 下载。

展客户关系的目标；其中 16% 的受访者，更表示非常有效。这再次说明内容营销具有强大的实用功能！

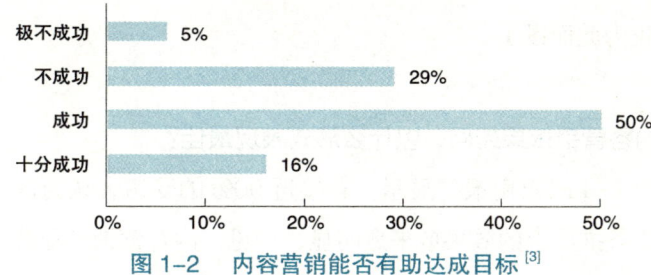

图 1-2　内容营销能否有助达成目标 [3]

既然内容营销如此有效，那应用起来又有何困难？哪些是妨碍内容营销成功的最大挑战？请看图 1-3。

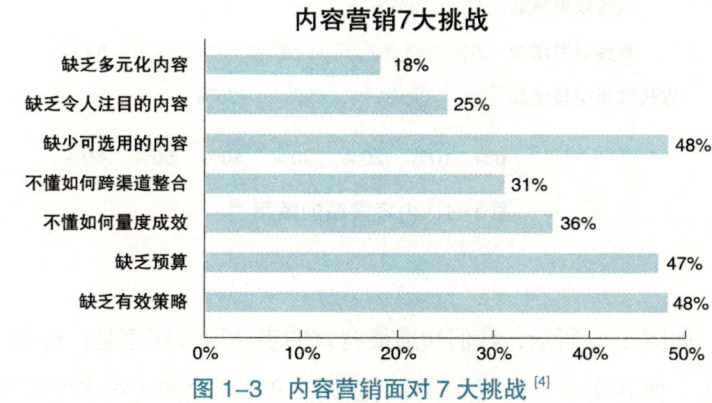

图 1-3　内容营销面对 7 大挑战 [4]

---

[3] 原图以英文标示，可于 http://ascend2.com/home/latest-report/ 下载。
[4] 原图以英文标示，可于 http://ascend2.com/home/latest-report/ 下载。

总结来说，7大挑战归为两大类：一是不懂得怎样做（不懂如何寻找恰当及选用的内容、缺乏策略、量度等），二是资源不足（缺乏预算和内容）。从这两方面看来，协助他人做内容营销就是一门即将兴起的生意（笔者在中国香港创办的Write4U.hk，正为此而设）。

内容营销效果如何，以什么形式表现最佳？

图1-4的效用报告显示，有接近90%的受访者认为内容营销在业务推广上的效果愈来愈明显，可见，内容营销是业务推广的利器，也是今后的大趋势。

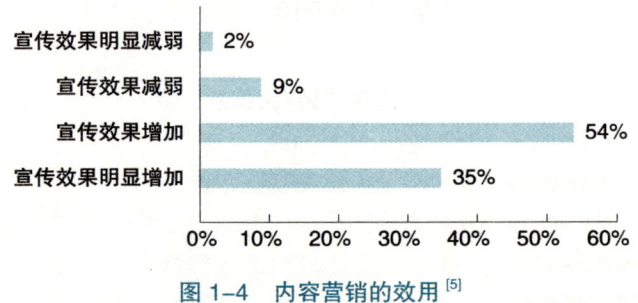

图1-4　内容营销的效用[5]

如图1-5所示，我们知道最有效的表达形式顺序是：研究/报告、博客文章、视频/影片、新闻/文章/个案（很多时候以

---

[5] 原图以英文标示，可于 http://ascend2.com/home/latest-report/ 下载。

第一部　内容营销深探
WHAT：内容营销是什么？

说故事的方式来表达)、信息绘图（Infographics）、网上活动/研讨会、网上通讯（e-Newsletter）等；而以文章为主导的内容要比单纯以图片作内容者有效得多（有效比例为54:24）。

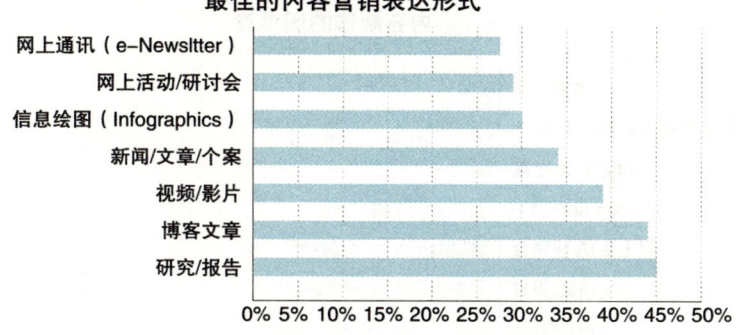

图 1-5　以什么形式表达内容效果最佳？[6]

值得注意的是，纯以品牌主或公关角度撰写的新闻稿，虽然制作最容易，却也是效果最低的内容形式，现在的报刊也很少刊载这种新闻稿了，那显然已是一种被淘汰的过时模式，甚至不在"有效内容形式"中占一席位！

关于内容制作

视频/影片、网上活动/研讨会、研究/报告等虽然有效，制作时却需要投入较多的人力、物力，因此被认为是较困难制作的内容形式（见图1-6）。调查也问及内容制作是否靠外包或外

---

[6] 原图以英文标示，可于 http://ascend2.com/home/latest-report/ 下载。

部协助较为有效，图1-7展示了72%的受访者都有外部协助，而单靠内部制作者仅占28%；这再次证明提供内容营销服务是一个新兴的蓝海，创造新颖有效的内容将是重要的发展。

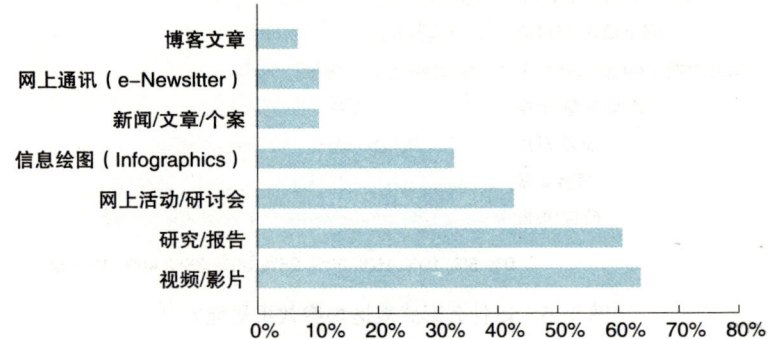

图1-6　哪种内容形式制作时难度最高？[7]

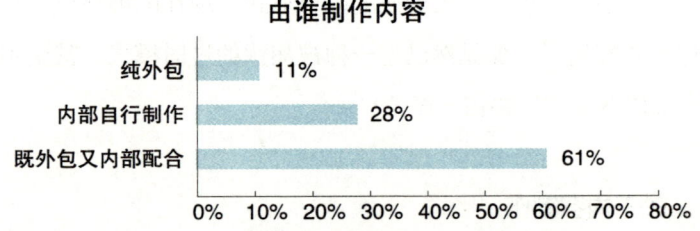

图1-7　外包还是自行制作内容较为有效[8]

---

[7] [8] 原图以英文标示，可于 http://ascend2.com/home/latest-report/ 下载。

第一部 内容营销深探
WHAT：内容营销是什么？

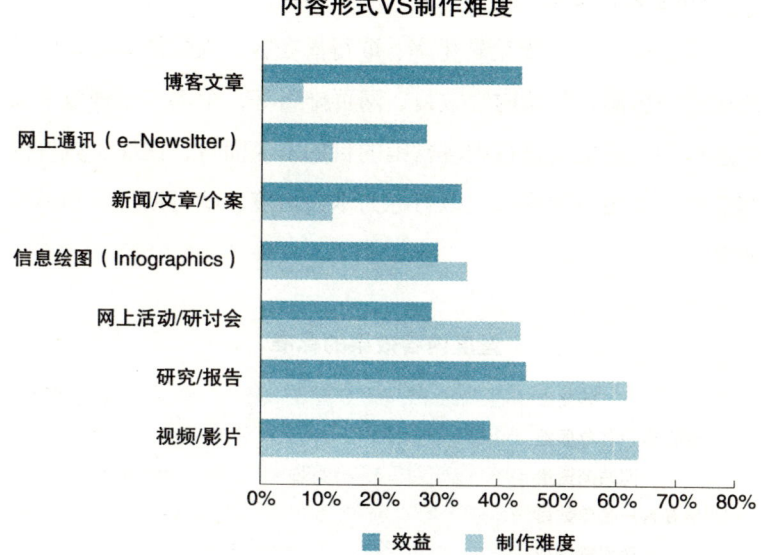

图 1-8 比较最为有效的内容形式与其制作困难度 [9]

　　图 1-8 特别有意义，它比较了最有效及最困难制作的内容营销形式。读者可发现博客文章、新闻/文章/个案、网上通讯等均为高效益、低成本的形式；而视频/影片、研究/报告、网上活动/研讨会等，要投入较大的资源，效果却比新闻/文章/个案低。难怪博客文章、新闻/文章/个案、网上通讯等能成为最普遍的内容营销模式。

---

[9] 原图以英文标示，可于 http://ascend2.com/home/latest-report/ 下载。

如何量度效果 [10]

图 1-9 显示，无论转化率、取得潜在客户人数及质数、网站流量、销售额、分享内容数目、网页排名等，全部与营销效果或生意挂钩。这也与进行内容营销的目的不谋而合，说明了做好内容营销，使用有效形式又以目标为本去量度，就可期待得到所需效果。

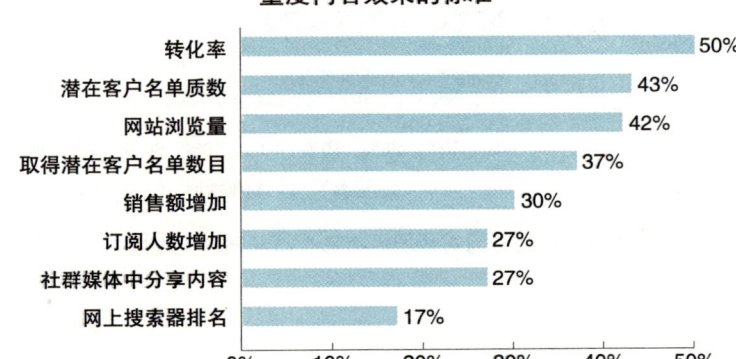

图 1-9　量度内容营销效果的 8 个重要因素 [11]

上述 9 个图的信息，与其说是一种潮流趋势，不如说是一份从事内容营销的实用指南。它协助市场营销人员更了解以什么目标、何种形式及如何量度内容营销，减少摸索及犯错，期待大家能学以致用。

---

[10] 2016 年的研究取消了量度效果的项目。本书沿用 2015 年的资料，因仍具有相当大的参考价值。
[11] 原图以英文标示，可于 http://ascend2.com/home/latest-report/ 下载。

第一部　内容营销深探
WHAT：内容营销是什么？

专家金句：内容营销的本质与内涵

拍案叫绝的、值得留存的、有教育意义的、令人回味的话，我们称为金句。以下30条与"内容营销"相关的金句，源自一些国际著名的营销专家，他们在撰写专栏/博客或演讲时，谈及关于"内容营销"的精粹。学懂这些金句，能让大家深入了解内容营销是什么，还可提升读者对"内容"的功力！

此处的金句编译自《林木建材月报》（*LBM Journal*）总编 James Anderson 所写的《2014年内容营销界最具影响力人士的30金句》（*30 Favourite Quotes From Content Marketing Influencers in 2014*[12]），这一文章于2015年1月在Top Rank Online Marketing Blog发表，连做林木专业的也谈内容营销了。文章的作者发挥编辑的能量，集合很多专家对内容营销的看法，汇集成文。原文分成内容营销策略、计谋、预测及投资回报4部分；下文先说与内容营销的策略相关的金句。

内容营销的本质

"内容是所有付费、自创及赚取媒体内的原子粒子（组成部分），顾客迷上了，就能渐渐酿成一种文化！"——SAP前市场营销及内容副总裁 Michael Brenner。引自《内容营销借鉴报告：创造内容文化》（*Content Marketing Best Practices Report: Creating a Culture of Content*）。

---

[12] www.toprankblog.com/2014/12/content-marketing-influencers/

"内容是最佳的'自然生成'广告,能令读者变成生意上长远的资产;这也是值得投资于创造自家内容的目标。"——Copyblogger.com 始创人、RainMaker.fm 制作人、Further.net 策展者 Brian Clark。引自《2015年21项数码营销趋势及预测》(21 Digital Marketing Trends and Predictions for 2015)。

"某些最佳的内容未必会引起立即反应(去购买),但却能为行动走出光辉的一步。"——以教导市场营销人员致富为己任的 Andrew Davis。引自《作家指南:行动召集——由内容营销的推文引发的贴士》(A Writer's Guide: Calls to Action – Tips Inspired by Tweets from Content Marketing World)。

"现代营销学提倡的是不惧失败、勇于尝试;无论做了多少的调研,我们在创作内容时仍有机会失准。最重要的是了解为何失败,从中学习及往前迈进,能这样做其实很简单,就是量度每一步!"——SAP 营销副总裁 GurdeepDhillon。引自《如何建立内容营销策略电子书》(How to Build A Content Marketing Strategy eBook)。

"很多数码营销者仍只想着'关键词',须知客户现已懂得多对话及双向沟通。更聪明、更有效的搜索,不只是能提供答案,而且更能帮助客户体验如何发掘新知和学到更多……在目标客户群有无限选择的世界里,经营内容的数码营销者更加需要了解客户各式各样的体验旅程、他们的期望及预期的成果。"——Dell 营销行政总裁 Kevin M Green。引自《什么是数码营销的真正含义? 9位品牌人员的卓见》(Digital Marketing – What Does It Really Mean? Insights from 9 Brand Digital Marketers)。

第一部 内容营销深探
WHAT：内容营销是什么？

内容营销是一程体验

"您所经营的内容是带领读者走进一个旅程，还只是提供一条通讯管道？"——Marketing Pros 首席内容执行官、华尔街日报畅销书作者 Ann Handley。引自《讯息数据图：如何令您的读者增长——10个由专家提供的贴士》(Infographic: How to Grow Your Audience-10 Tips from Facebook, MarketingProfs, Exact Target Copyblogger)。

"我相信大部分机构都会加强认识数码营销策略，数码营销总监（CDO）将带领机构专注于创造需求，又通过说故事等方式为客户组织一趟由始至终的体验旅程。"——《Duct Tape Marketing》一书的作者、小生意营销顾问 John Jantsch。引自《2015年21项数码营销趋势及预测》(21 Digital Marketing Trends & Predictions for 2015)。

"社群媒体具有链接伟大思想的能力，你要勇于告诉全世界你是其中一分子。致力建立品牌吧！"——LinkedIn（领英）专家 Deanna Lazzaroni。引自《15位于顶级科技公司掌控社群媒体的女性——给您职场建议及卓见》(15 Women Who Rock Social Media at Top Tech Companies – Career Advice & Insights)。

"内容营销要先订好策略，不先订好'为什么'及'怎么样'，否则得到的结果将是一塌糊涂！"——数码广告、媒体及内容讲者、作者及策略顾问 Rebecca Lieb。引自《内容营销策略性讯息数据图——12个专家贴士》(Content Marketing Strategy Infographic –12 Tips from SAP, Boeing, CAT, Progressive, John Deere, charity: water)。

内容营销说些什么？

"身为内容营销人员，我觉得'脱颖而出就是好'这句话被过分吹捧了。你该问自己，我想要脱颖而出、与众不同，还是要真正地和客户及潜在客户紧扣在一起？答案应是二者的平衡才好。"——LinkedIn 内容及社群高级经理 Jason A Miller。引自《领英的 Jason Miller 接受访问，谈乐与怒社群及内容营销》（*Rock & Roll Social Media & Content Marketing Interview with Jason Miller of LinkedIn*）。

"我们不需要更多内容；但需要更多相关的内容！"——LinkedIn 内容及社群高级经理 Jason A Miller。引自《欢迎来到这通道，我们有客人名单》（*Welcome to the Funnel, We Have Leads & Names – Jason Miller of LinkedIn at MnSummit*）。

"如果我们只谈自己，那永远触不到客户！"——内容营销学院及内容营销国际作者 Joe Pulizzi。引自《很多机构没有做，但应做的 5 个内容营销最佳典范》（*5 Content Marketing Best Practices Most Businesses Aren't Doing, but Should! #SMMW14*）。

"世间充满讯息、搜索排名、自动营销软件等混浊的杂音，我们是否已迷失了人类的本性？我们须时刻保持人性，因为网络世界因此而生，我们爱上社群媒体，在建立信任与忠诚度时，始终都须由人性作主导。"——《社群媒体解释及内容密码》等 5 本畅销书的作者 Mark Schaefer。引自《社群营销策略的 5 个必读看法》（*5 Must Read Perspectives on Social Media Marketing Strategy*）。

"我是宣扬顾客体验的第一人，但如果你的产品差劲，那我也爱莫能助！我们常谈社群媒体如何重要，因为这是客户们说话的地方，不如让我们回归到基本（优良产品）来……营销现在透明化了，再不是品牌主如何把想说的讯息放到媒体上；而是要以了解客户的想法为先。品牌的好与坏也不是由品牌主决定；想要知道对你们的品牌的看法，就要去问顾客。"——Scott Stratten 自称 UnMarketing（非营销学）总裁，《UnSelling》（《非销售》）是他的第 4 本著作，他被 Forbes 杂志推举为"社群媒体顶级影响者"。引自《访问 Scott Stratten，B2B 营销将会怎样？》（*What's Next in B2B Marketing? #MPB2B Interview with Scott Stratten @ UnMarketing*）。

"准备好打场体验过程的硬仗吧！社群媒体始终是构建关系的场所。品牌本身可能有太多的东西要告诉客户，但你要捍卫客户的立场，应提供一些他们体验过程中相关的内容。"——Dell 数码策略及创新队伍高级社群媒体策略师及 Thrive 专业顾问创办人 Nazli Yuzak。引自《15 位于顶级科技公司掌控社群媒体的女性——给您职场建议及卓见》（*15 Women Who Rock Social Media at Top Tech Companies – Career Advice & Insights*）。

专家金句：谈内容营销的受众、预测及回报

内容营销的策略

"假设你写了 5 篇协助受众达致某个目的的文章，但受众只选读了其中两篇，而不去读其余 3 篇。由此你便明白哪种信息是与受众相关，应从这里与他们展开对话。"——Marketing Interactions 首席执行官及 B2B 策略师 ArdathAlbee @ardath421。

引自《如何得知内容营销的真正回报率电子书》（How to Show Real ROI For Your Content Marketing eBook）。

"通过研究受众的问题和欲望，及观测他们互动和转发的内容，你便能令他们快乐。"——Copyblogger.com 始创人、RainMaker.fm 制作人、Further.net 策展者 Brian Clark。引自《信息图：如何增加你的受众——来自专家群的 10 个秘诀》（Infographic: How to Grow Your Audience – 10 Tips from Facebook, MarketingProfs, ExactTarget, Copyblogger）。

"将你的内容想象成吃剩的火鸡，逐片逐片地切开，并用尽一切方法利用它！"——LinkedIn 内容及社群高级经理 Jason A Miller。引自《MNSummit 的 18 个奇妙发现和数码营销精华》（18 More Amazing Search & Digital Marketing Takeaways from MNSummit）。

"写作的意义不在长短。我认为在网站、登录页或 LinkedIn 帐户上的文字，与我们的著作同样重要。"——Marketing Pros 首席内容执行官、华尔街日报畅销书作者 Ann Handley。引自《Marketing Profs 的 Ann Handley 接受访问，谈如何写出优秀的内容》（Everybody Writes: Your Go-To Guide to Creating Ridiculously Good Content – Interview with Ann Handley）。

"软销是大道理，而硬销最终会被唾弃。来吧，现在是关怀受众的时代了。我们需要将更多资源投入互动的事上，为网络提供更多价值，尤其是响应顾客的问题。"——Social media Examiner 首席执行官 Mike Stelzner。引自《2015 年 21 项数码营销趋势及预测》（Digital Marketing Trends & Predictions for 2015）。

第一部 内容营销深探
WHAT: 内容营销是什么?

"当你在编写博客时,要注意你的标题——想象他人转发你的文章到 Twitter 时,他的朋友愿意阅读吗?"——Concur 内容营销及社交媒体经理 Amy Higgins。引自《Concur 的 Amy Higgins 接受访问,谈及内容营销》(Content Plus Social is A Sweet Song to Sing – Interview with Amy Higgins of Concur)。

内容营销的趋势预测

"我们将会在 2015 年见证社交、流动、市场推广及广告等多个媒介的数码策略融合一起。它将集合成不同元素,展示于不同接口和渠道,为顾客提供一个独特的整合体验旅程。"——Altimeter Group 首席分析师 Brian Solis。引自《2015 年 21 项数码营销趋势及预测》(Digital Marketing Trends & Predictions for 2015)。

"2015 年重大的改变并非数码营销,而是营销人员回归根本:重新审视目标受众,区分及排序不同渠道的有效性,并优化资源分配和投资。"——英特尔(Intel Corporation)环球整合市场策略师 Pam Didner。引自《2015 年 21 项数码营销趋势及预测》(Digital Marketing Trends & Predictions for 2015)。

"市场推广(多对一)和销售(一对一)都开始运用内容和实时交流作为策略。大家不应将市场推广和销售分成两个部门,而是融合两者成为创造收入、面对顾客的一个组织。"——Freshspot Marketing 著名讲者、畅销书作者 David Meerman Scott。引自《2015 年 21 项数码营销趋势及预测》(Digital Marketing Trends & Predictions for 2015)。

内容营销的投资回报率

"不要再为首席营销官制作分析报告了。相反,我们应该更注重一些关于表现的数据,包括营销额、成本节约进度,以及客户保留率等。"——内容营销学院及内容营销国际作者Joe Pulizzi。引自《信息图:如何增加你的受众——来自CMI, Dell, Kraft Foods, Curata, NewsCred 的 10 个秘诀》(Infographic: Achieve Real Content Marketing ROI – 10 Tips from CMI, Dell, Kraft Foods, Curata, NewsCred)。

"内容营销与其他营销的回报一样,很多时候被人查问不过是为问而问。我们回归根本问题:营销回报率是什么?内容营销的回报率相对容易得到,因为传统广告难以知悉结果。"——NewsCred 策略部主管 Michael Brenner。引自《NewsCred 的 Michael Brenner 接受访问,谈及内容营销回报率》(Lessons on Marketing Strategy and Content Marketing ROI – Michael Brenner Interview)。

"我会根据不同的顾客,调整内容营销业绩的量化方法。我会先问一个问题:'到底我们是想改变什么行为或态度?'我们通常可以由这个问题的答案,反思及寻找内容营销过程中的所需的数据和指针。"——《社群媒体解释及内容密码》等5本畅销书的作者 Mark Schaefer。引自《Mark Schaefer 接受访问,谈及内容营销成功秘诀》(A Practical Approach to Content Marketing Success – Interview with Mark Schaefer)。

wHy
为何要搞内容营销？

内容营销 6 大回报优势

"内容营销"是一项长期投资，难以只进行一两次便达到明显成绩。因某些内容早已存在，营销的成本支出便隐藏在其他支出中。这些因素往往成为管理层对"内容营销"认识不足，甚至为之却步的理由。以下 6 大点，是从投资收益角度，介绍如何量度"内容营销"的终极优势。这足以让市场营销人员说服管理层认识"内容营销"如何为企业提供各种回报！

优势 1：开发客户的黄金机会

推销电话及派发宣传单等传统营销方式，虽然仍然在市场上大行其道，可是这些仅是单向性宣传，绝少能获得客户资料。相反，内容营销通过内容项目吸引受众，读者在下载某类教学电子书之前，或阅读某内容项目后，自愿登记个人资料，从此品牌或营销者便获得授权，以网络追踪工具分析他们的阅读习惯和兴趣。

客户消费行为及其他数据是通过"营销内容"发布后取得，准确性高，并易于管理。再者，内容营销的媒介多元，接触面自然更广泛，受众数据更加齐备。

优势2：线上线下皆有"线索"

内容营销主要是以社交网络作为主要媒介，通过网络追踪工具，例如Google analytics监测由内容项目转至付费页面的浏览量，成为"内容营销"转化成营业额的根据。

至于线下的产品销售数据，往往取自交易完成后，营销人员向消费者查询从何处获知产品的相关讯息。受众可能接触过内容项目后，但没有在网上选购。结合受众在线上、线下的数据，便能够计算由"内容营销"对整体销售所作出的贡献。

优势3：追踪成效无困难

"内容营销"的数据可由网上追踪系统进行准确监测。比较"内容营销"的成本和其转换的实质销售额，从而量化"内容营销"的成效，量度投资回报率。企业可以按照这个指标，对比其他现行方法，再决定是否改变"内容营销"策略或增减其次数。

优势4：有效资源分配

不同企业的"内容营销"成本有异，有的会要求员工身兼数职，同时处理企业内社交媒体和微信公众号、微博等媒介；也有企业会特地设立五脏俱全的内容团队，招聘编辑、撰稿员及项目经理等职位。无论企业预算是大是小，"内容营销"所涉及的招聘、营销、公关策略和研究等成本，应该由各相关部门共同承担。进行合理的预算分配，有助于厘清"内容营销"部分的真正费用，从而计算清晰的投资收益（Return on Investment）。

优势 5：延伸为企业重要资产

内容项目并非"用完即弃"的营销产品。由于内容项目与产品挂钩，企业可以用这些资源向员工进行产品教育，这可以使他们更熟悉自己推销的产品，并应用于向推销顾客的过程中增加说服力。

系统化的内容项目，整合为企业数据系统的一部分，成为重要的数据源。相对从调研机构直接购买昂贵的市场分析报告，"内容营销"消耗的成本更少，又贴近企业所需。

优势 6：非量化指标更具威力

"内容营销"不止有助于提升企业营业额，同时也能强化品牌形象、增加与受众间的交流及拓展品牌的正面知名度，这些因素难以具有清晰的量度准则，却是必不可少的营销效果。美国网上银行 Mint 仅通过名人博客，建立了在金融界的权威，9 年间吸引了 1700 万用户（请参考本书第三部：理论 + 环球案例）。

深层了解内容营销：18 个鲜为人知的秘密

内容营销是一个无法可挡的互联网营销趋势。笔者现在把这种营销策略一些鲜为人知的"秘密"与大家分享。记住这些"秘密"，你会对内容营销懂得更多。

这里主要取材于纽约一家富有使命感的内容营销广告专家公

司 Contently（该公司同时拥有专为自由作者而设的 Contently.net 及专为慈善而设的内容营销网站 Contently.org）所写的文章《10 个改变内容营销的图表》（*10 Charts That Are Changing Content Marketing* [13]），我根据该文所引用多个调查报道改写成本文。之后，作者 Sam Petulia 找到更多研究结果又写了《再 10 个改变内容营销的图表》[14]，两篇文章前后共 20 个图表，其结果均从不同的研究取得，构成这篇"秘密"。

这些"秘密"，能教我们怎样量度内容营销的有效性。

秘密 1：假内容（真广告）根本无人看

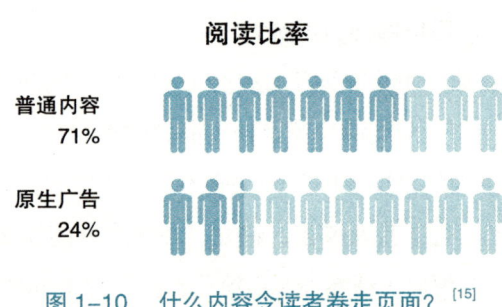

图 1-10　什么内容令读者卷走页面？[15]

图 1-10 告诉我们，原生广告的意思是假装普通内容的广告，

---

[13] 源自 Sam Petulia, 10 Chats that are Changing the Way we Measure Contents,https://contently.com/strategist/2014/04/04/10-charts-that-are-changing-the-way-we-measure-content/
[14] 源自 https://contently.com/strategist/2014/11/11/10-more-charts-that-are-changing-content-marketing/
[15] 图表来源：www.recode.net/2014/3/10/11624338/no-ones-looking-at-your-native-ads-either

一般称为"社论式广告"（Advertorial），本书第二部分有"原生广告"一节专门讨论。普通内容与原生广告的收看比率为71：24，当中相距了47个百分点；如果以收看广告作基准来看，普通内容的"吸睛力"为原生广告的3倍；或是原生广告仅为普通内容的1/3。《原生广告是无人看的！》一文发表于re/code网站，并提供以上的讯息。但一般人对普通内容也不会花太多时间阅读。71%的读者，对每篇普通内容只愿意阅读15秒左右就会离开。

秘密2：即使点击了，也不等于真正读过！

自1994年一位著名的专家Ken McCarthy提倡以点击率（click rate）量度成效开始，过去20年，广告商与数码媒体人都醉心于点击率的计算；可是，提供网上实时大数据分析的Chartbeat公司的CEO Tony Haile在《时代》（Time）杂志上指出，经过深入调查2000个网站、58万篇文章、20亿人次的网上阅读习惯，发现55%的读者每页浏览时间少于15秒——很多人以为点击了或是分享了便是阅读了文章，其实与事实不符！而内容较佳的文章，可吸引读者花上5倍以上的时间，即超过1分钟，这样才能真正地与读者联结。

秘密3：即使分享了，也未必细读！

在社群媒体上分享文章，令文章有机会广泛流传；理论上，分享次数应是分享者阅读过文章的证据。Tony Haile指出该公司分析过1万篇分享到社群媒体的文章，发现阅读时间及分享行动二者并无关联，即不少人连看也没看便把文章分享出来！

其实愿意转发的人也不太多，每100位访客（读者），只有8位在脸书（Facebook）上给赞，只有1位在推特（Twitter）上提及文章。比较长时间阅读的文章，反而较少在社群媒体中分享（图1-11）。

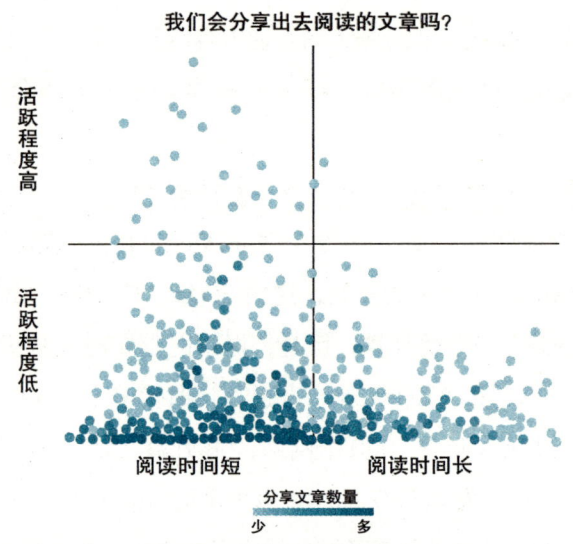

图1-11　转发文章或图片前是否先阅读过其内容？

但是，被《广告周刊》（*AdWeek*）誉为"2013年度数码编辑"、BuzzFeed的创办人Jonah Peretti，在另一个研究中指出，阅读时间较长者愿意分享较多，也就是说网友阅读文章的时间，与其分享的次数成正比；两个研究竟然得出相反的结果！

无论如何，量度社群分享的行为是重要的，但愿意花时间阅读文章的人士，是否愿意分享文章，则不一而论；毋庸置疑的是，为了要吸引读者，一切还要从仔细地做好内容开始。

秘密 4：从大数据找出读者习惯

虽然媒体常有大批数据，如何分析及解读也非常重要。

Medium.com 的科学家 Pete Davies 介绍他们公司的做法：先从海量的原始数据入手，然后进行切片式的筛选，并详作分析。他说："我们观察每位网民对每篇文章的互动状态，数据源自他们在阅读文章时滑动滚动条行为的记录；数据纳入数据库中，从而了解每个人在什么时间开始阅读、什么时间暂停、什么时间离开，通过这些记录……做出简单分析，即可获得准确的阅读时间（Total Reading Time，简称 TRT）。"有了 TRT，将可以比较不同内容，哪一篇较吸引人、是长者较佳，还是短者优胜，等等。这些数据有助于网页的改进。

秘密 5：专注力数据是正解

Upworthy 像《读者文摘》般搜罗博客、视频，再加以解释并放到网站上，以提供有价值的内容，该网站迅速在美国爆红。他们创制了一种新的量度成绩的标准：专注分钟（Attention Minutes）。包括每位读者的浏览量、分享量、全部读者的总览量，分析他们的专注分钟，特别能吸引到广告商的注意。他们解释："我们比较不重视独立访客（Unique Visitor，简称 UV）及一般浏览量（Page View，简称 PV）；我们要找到的，不只是网民点击了多少次，而是哪些内容能令网民愿意花时间去看，他们专注地阅读的内容，才是最有价值的内容。"

秘密 6：不做宣传，没有效果

图 1-12 是 2013 年数据研究员 Brian Abelson 在《纽约时报》做的一项研究结果。深蓝部分是一篇转载文章，没经过《纽约时报》推特（the New York Times Twitter）推广；浅蓝部分是一篇《纽约时报》原创文章，也没经过《纽约时报》推特推广；黑色色部分是转载文章，这次经过《纽约时报》推特推广；灰色部分是一篇《纽约时报》原创文章，经过《纽约时报》推特推广；由此可见，无论是《纽约时报》原创还是转载文章，经过《纽约时报》推特推广后，浏览人数立即大幅提升！这研究说明了，《纽约时报》当有社群网站《纽约时报》推特加推时，文章的浏览量才能够大升；因此社群媒体推介，是有效的工具。

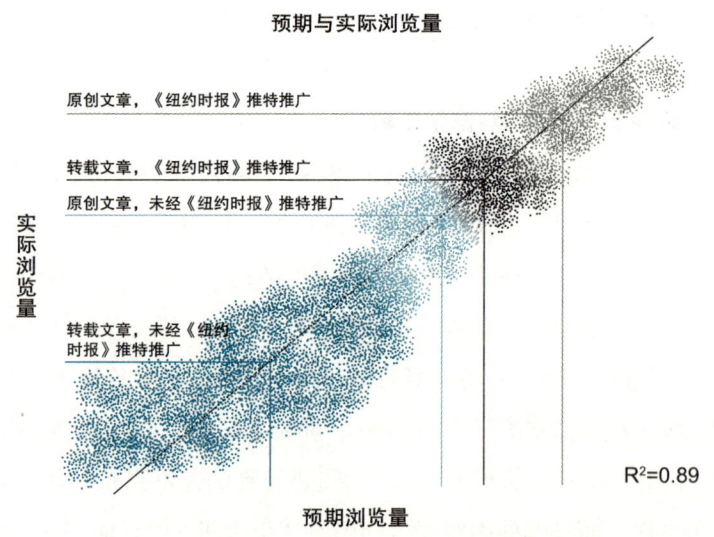

图 1-12　量度内容效果时，需同时留意其宣传渠道

第一部　内容营销深探
WHY：为何要搞内容营销？

秘密 7：这些标题很短命

话题性的标题，当然易于吸引眼球；但时效一过，又会被弃如敝履。就如图 1-13 左边的 2015 年美国最多人点击及阅读内容的关键词，全部都是话题性强的：奥巴马、医保、华盛顿、森麻文、斯诺登等；右边则是些比较平庸的词语，也是点击后最少人阅读的，如：顶级、最佳、学院、公司、城市等。人们往往在有新闻时点击左边那些词语，然而一旦新闻远去了，左边的标题就不再吸引人了。

最多人点击的关键词	最少人点击的关键词
奥巴马	顶级
医保	最佳
华盛顿	学院
森麻文 (特雷沃恩·马丁命案杀人者)	公司
斯诺登	城市
特雷沃恩 (特雷沃恩·马丁命案受害者)	车辆
战争	最大
埃及	虚构
叙利亚	最富有
共和党	公众
沃尔玛公司	

图 1-13　点击时最多人留意及最少人留意的关键词

秘密 8：小游戏，得民心！

内容营销 2014 年冠军项目 BuzzFeed 网站的小问答，每次均能吸引超过 100 万名玩家，有时更高达 4000 万人。图 1-14 显示的是"你在权力游戏中如何死亡？"（How Would You Die

In "Game of Thrones"？）读者在参与这个互动小游戏时，把游戏成绩转发到自己脸书账号的统计数字。由此说明小游戏在内容营销中的受欢迎程度。

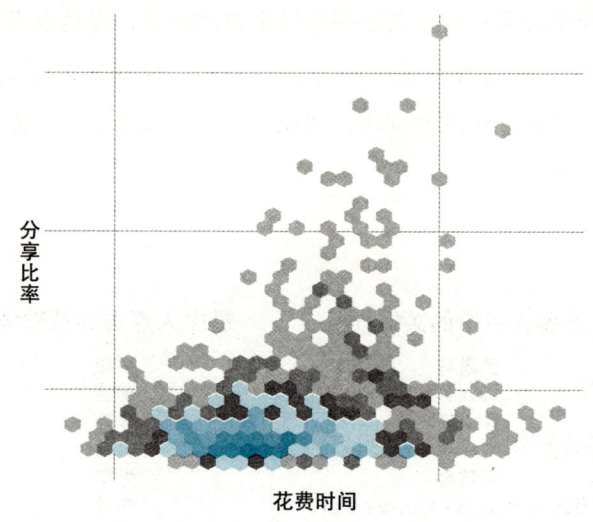

图 1-14 读者玩"你在权力游戏中如何死亡？"游戏时
转发给朋友的比率

秘密 9：触动情绪，分享顺利！

美国宾夕法尼亚州大学市场学系教授 Jonah Berger 研究过《纽约时报》中最多人在邮箱转发的 7000 多篇文章，他发现文章的正能量愈高，被转发的可能性也愈高。图 1-15，愈光亮的地方愈能带来读者的回响；愈能勾起人情绪的内容，也有较佳的转发量。

第一部 内容营销深探
WHY：为何要搞内容营销？

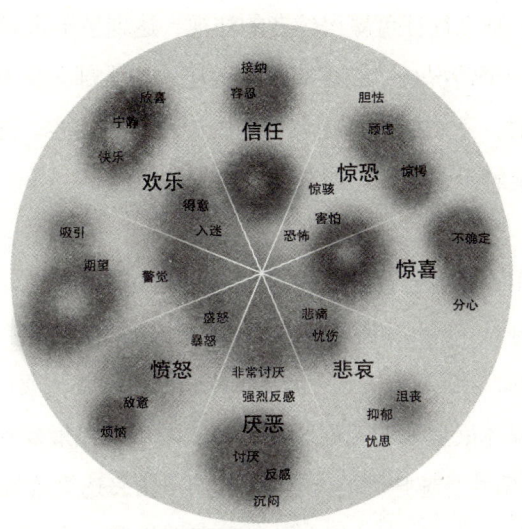

图 1-15 较多读者愿意转发具正能量的内容 [16]

秘密 10：理性感性并重，取得最佳内容！

情绪对于读者有很大的作用！一本正经的说理文章，加入情感的渲染，这样的表现手法会比单纯说理的文章多吸引 70% 的读者。

在《我们的大脑如何决定我们在网上分享什么》（*How Our Brains Decide What We Share Online*）一文中提及我们脑袋的复杂性；左脑、右脑分别掌握推理与创造；而人们习惯了先感觉、后分析，脑袋也会有快思及慢想过程。如果内容能配合这些模式，例如先以图片吸引"快思"的注意，再配有理性文字，配合"慢想"

---

[16] 图片来源：www.fastcompany.com/3027699/how-our-brains-decide-what-we-share-online

解构详情,那么往往可赢得读者的注视,达到事半功倍的效果。

还有一个情况是"鹤立鸡群"效应;当大部分文章都在论述同一事件时,不妨插入一些与正题脱离一点的内容。这样做,为大脑带来新鲜感,往往也能吸引读者的注意。

秘密 11:读者到社群媒体,目的是找内容来看

汤博乐(Tumblr)网站为了加强内容而改组,他们找到 WPP 集团旗下的 Millward Brown 调研公司做了一项找出"网民认为社群媒体最重要的元素"的研究。发现网民最爱易于应用的界面、具娱乐性及趣味性的内容、让人们自由表达等政策。10 大"最重要元素"中(图 1-16),与内容直接相关的占了 5 项:所以结论显而易见,就是社群媒体应以内容吸引其读者。

	社交平台最重要的10大要素	
1.	容易使用和浏览	76%
2.	有趣	73%
3.	内容吸引	71%
4.	具娱乐性	70%
5.	值得信赖	67%
6.	容许自由发表	65%
7.	容许发掘一些能引起我注意的内容	65%
8.	推有高质素的内容	64%
9.	帮助我与他人联系和建立人际网络	64%
10.	可以随时随地浏览	63%

图 1-16 社群媒体平台 10 个最重要的品质

秘密12：只要真材实料，文章篇幅不怕长

Instapaper 是一个协助把阅读材料放在云端的应用程序，在用户需要时无论何时何地，都能下载材料进行阅读，于是程序储藏了千百万篇不同内容的文章，也存有大量读者阅读习惯的数据。

2013年 Instapaper 被 Betaworks 公司收购。该公司的 CEO John Borthwick 于 2014 年 7 月发表一篇文章，公布相关的数据分析：他们发现库藏中那些被阅读全文超过 75% 的文章，其来源网站不断有新的文章被 Instapaper 使用者收藏，大多数人收藏的文章都是较长的，是那些以深度新闻、评论见称的媒体，如《大西洋评论（The Atlentic）》《媒体（Medium）》《纽约时报》《卫报（The Guirdance）》等，其存储增长速率远较其他以短文见称的网站高。

秘密13：不介意品牌提供内容，但不要硬销

Quartz 杂志定期向分布于 61 个国家、36 个不同行业的约 1000 位全球商业行政人员（CEO 占 43%），发出长达 65 条问题问卷的"行政人员媒体习惯"调查。结果发现大部分（86%）行政人员欢迎由品牌提供内容，包括行业分析（68%）、公司产品及创新数据（58%）、领导观察（43%）、成长故事（25%）、对社会议题的见解（23%）等。其中约有一半的受访者更倾向于追随本行业或自己有兴趣的品牌信息。换句话说，只要"有实质和新意"的内容，很多读者不介意其来源是由品牌主提供，甚至包括一些商业信息，也就是宣传。

秘密 14：坚持及尝试是不二法门

"没有了对内容直觉的不断尝试，我们的分析队伍哪里还有东西可分析？我们不断注意潮流和趋势，但最先要做的，必是我们编辑们所相信的，不断从过去的成功中寻求变化！"图 1-17 是精选内容网站 Buzzfeed 内小测验（quiz）的流量报告，可以看到最初的 quiz 没有人气，但经历一年左右，quiz 却突然如火箭般蹿升——其中最受欢迎的 quiz 曾累积至 4000 万浏览量，可媲美《华盛顿邮报》一个月的浏览量！

这些数据显示一个"摸着石头过河"、边做边改的成功案例。内容营销需要逐步地储存用户，很少可以一蹴即就；储存一群忠诚用户，他们可以为网站广为转发。

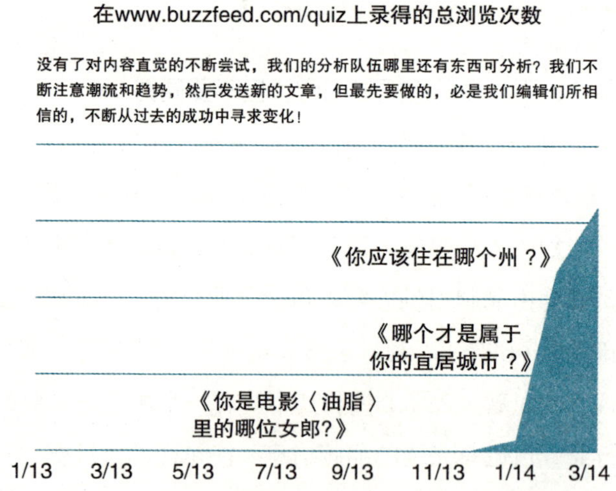

在 www.buzzfeed.com/quiz 上录得的总浏览次数

没有了对内容直觉的不断尝试，我们的分析队伍哪里还有东西可分析？我们不断注意潮流和趋势，然后发送新的文章，但最先要做的，必是我们编辑们所相信的，不断从过去的成功中寻求变化！

《你应该住在哪个州？》

《哪个才是属于你的宜居城市？》

《你是电影〈油脂〉里的哪位女郎？》

1/13 3/13 5/13 7/13 9/13 11/13 1/14 3/14

图 1-17 Buzzfeed 的流量报告显示出坚持和尝试的重要性

秘密 15：赞助内容有诚信问题，但可解决

每当提及"赞助式内容"时，一定有很多反对声音。因为大家知道品牌主付了费用，就希望能影响内容，作出某种程度的宣传。根据 Contently 的调查，约有 57% 的用户宁可要"摆明车马"的条幅广告，也不要"隐藏不露"的赞助式内容。当被问及如果发现文章或视频内容原来是"被赞助"时，67% 的受访者认为感到受骗；学历愈高，感受愈强！

不过同时，43% 的受访者却喜欢赞助内容，部分是对条幅广告感到厌恶，部分却认为赞助内容较为有趣、言之有物！当问及内容素质时，发觉不同载体能带来不同的信任度，例如《纽约时报》的文章，最有公信力。据中国台湾 Inside.com.tw 网站的报道，《纽约时报》读者阅读赞助内容的时间与真正新闻的时间相差无几；科技新闻网站 Mashable 品牌编辑 Lauren Drell 表示，读者阅读赞助内容的时间甚至比一般文章多出一半，赞助文章内展示广告的点击率也较一般文章中的展示广告增加两倍（图 1-18）。故此，问题不在是不是有赞助商，"做对内容"才是重点！

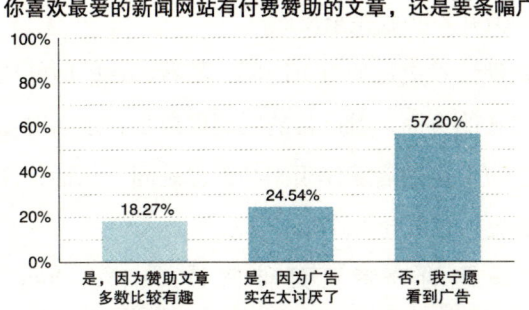

图 1-18　受访者指出宁愿看到广告多于新闻网站展示赞助文章

秘密 16：以复合性的内容得分（Content Scores）量度内容

随着内容营销的普及化，量度内容的标准与日俱增。例如：交流时间长短、每页页面上下滑动情形、分享状况、分页浏览……众多的标准，哪一种才是最佳选择？美国出版商与广告商，包括BuzzFeed、Medium、Sharethrough，都以"一组"指标（而非单一）作为评核内容的方式。每个指标加上权数，综合成表现系数，然后以是否达到预期表现绘制图表。有兴趣的读者可看以下一篇专文：https://contently.com/strategist/2014/09/10/these-are-the-formulas-5-major-publishers-use-to-grade-their-content/。

秘密 17: 文章长度最好在 1500 字左右

虽然上文（秘密 12）所指的"秘密"为：只要真材实料，文章篇幅不怕长；但另有一项调研得出的数据显示，并非文章愈长，读者就愿意花更多时间阅读。Chartbeat 的数据显示，文章长度在 4000 像素（以英文计约 750 个单词，汉字约为 1500～2000 字），达到最长的平均每字阅读时间；文章再长，每字的阅读时间反而降低，但并不是成完全反比。

研究更发现读者浏览的每页时间，与看广告的时间成正比；即浏览时间愈长的页面，看广告的时间也愈长，这点对如何在长文内放置广告有一定的启发作用。结论也是同一句话：文章长短重要，但内容更为重要！

对此有兴趣的读者可延伸阅读：http://digiday.com/publishers/long-form-winning-strategy/。

秘密 18：何时及为何分享你的文章

根据 Upworthy，Brthwick 在 2014 年做的调研，发现网民有以下的阅读习惯：当看了标题就分享出去的读者，约占 7%～9%，之后阅读越多，分享比率一路下降；阅读文章至近尾段（80%～90%）才分享者，只有 5%～7%；读完全文然后分享的读者，则上升至 7%～9%，即与只看标题便分享者相同。因此得出的结论是：前者受到标题的"迷惑"，后者受到文章本身的感染，而中间认真阅读者，一种可能是文章太吸引了，所以不间断读下去，也可能是发觉内容不及标题吸引，故此不去分享（图 1-19）。所以，优秀内容的文章，最终才是分享赢家！

有兴趣延伸阅读者，请阅读《你不读此文，却会把它分享出去！》（*You're Not Going to Read This, But You'll Probably Share it Anyway*）www.theverge.com/2014/2/14/5411934/youre-not-going-to-read-this。

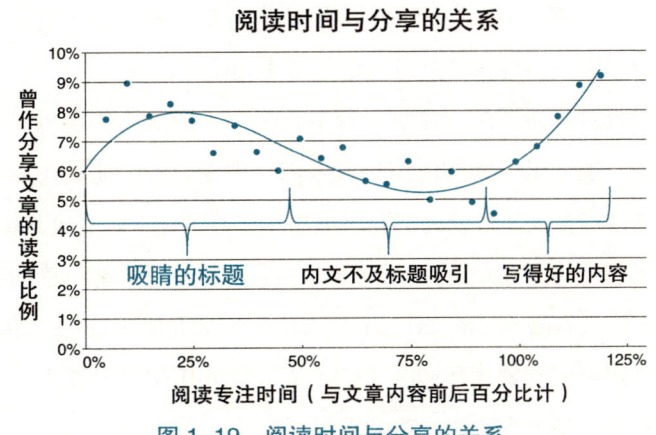

图 1-19　阅读时间与分享的关系

WHO
谁去做内容营销？

内容营销团队的分工和职责

在各行各业，内容营销都为世界各大小公司所应用。随着企业或品牌规模增长，越来越多的公司在市场营销部门之下设立内容营销部门，有的甚至设立独立部门，交由首席内容总监（Chief Content Officer，CCO）管理，内容营销成为企业组织中的一项重要职能，内容营销撰稿员也是社群媒体行业的热门职位。

内容营销不单需要撰稿员制作内容。在每个内容项目背后，除了包含文字、图片及影片的多媒体内容制作外，也涉及到质量监控、编辑、内容决策及员工培训等多项工作。

内容营销所需的工序颇为繁琐，假如其团队中的角色混乱，内容项目的质量、制作时间和成本都会大受影响。尤其在多项内容营销规模扩大时，就会很有可能出现"滚雪球"式的灾难情况，正如墨菲定律（Murphy's Law）中所言："凡是可能出错的事必定会出错"（Anything that can go wrong, will go wrong）。因此，清晰确定内容营销团队中各人的不同职能和工作进度期望，防止职能混乱，是内容营销成功的重要因素。

下面将为大家介绍内容营销部门中的各个岗位，希望读者能够更深入理解内容营销团队的运作。无论你的内容营销团队规模如何，或你想要制作任何种类的媒体内容，都能够应用以下的人力资源框架。

项目负责人（Project Leader）

项目负责人为内容项目的总规划或策划人，读者可以理解这个职位为一般企业的业务总监。他是整个内容营销计划的总负责人，其职能如下：

1. 与其他项目负责人一同定制内容营销活动的宗旨、策略、关键表现指标（Key Performance Indicator，KPI）和其他潜在的相关需求。

2. 决定采用的内容项目以及发布内容的适合渠道，以配合内容营销活动的宗旨。

3. 制定工作流程，并确保一切所需的技术资源充足，例如：内容数据库、团队沟通平台、内容管理系统（Content Management System，CMS）、报告系统及发布系统等。

4. 制定预算及分析工具。

5. 订立内容营销的具体时间表和内容项目的提交限期。

6. 任命项目经理。

项目经理（Project Manager）

项目经理可以理解为团队中的高级编辑，定时向项目负责人汇报，保证内容项目有序地进行，不偏离原本目标及计划。他就像一位航空交通管制员，管理团队的日常运作，时刻留意团队成员的需要及相关事项。其职责如下：

1. 招聘及培训撰稿员和编辑。

2. 创建计划大纲及风格指南（Style Guide）。

3. 创建编辑日历（Editorial Calendar），编排内容项目的发布及其发布渠道。

4. 质量管理。

5. 为进度落后的团队成员提供协助。

6. 处理进度落后的团队成员——解雇或再招聘。

7. 物色并指导团队中具潜力和领导能力的人才。

8. 解决技术性的问题。

9. 响应问题并做出反馈，担任团队支持角色，协助撰稿员和编辑。

编辑（Editor）

内容营销计划的规模各有大小，所需的编辑也有所不同。为了确保内容团队维持一定效率和质量，不同等级的编辑需要紧密联系合作，大型的内容营销计划尤其需要这样做。编辑的主要职责如下：

1. 为撰稿做出适当的支持，管理资历较浅的编辑，在必要时向项目经理汇报。

2. 充分理解计划大纲及风格指南。

3. 指导撰稿员，持续为他们提供改善意见，优化提高质量。

4. 验证内容项目的准确性，确保有一定的质量。

5. 确保内容项目中的文法正确，维持内容项目的一致风格和主题，避免内容项目失去焦点。

6. 编辑所有内容项目，确保团队于限期前提交作品。

撰稿员（Writer）

撰稿员的职责非常重要，他们除了负责创建内容项目外，也是团队主要的创意来源。撰稿员是内容团队的根基，上述的内容项目工序都是建立于他们的作品之上。他们的责任如下：

1. 进行迅速而全面的数据搜集。
2. 充分理解计划大纲及风格指南。
3. 按照充分理解的计划大纲及风格指南，撰写人性化和具有动感的内容。
4. 接受编辑的意见和指导。
5. 在限期前完成高质量的内容项目。

助理（Assistant）

协助上述各职能的工作。协助安排及联络部门内外人员，并协助与外界沟通。

在大多数情况下，很少有客户或公司能"人马齐全"各司其职。虽然内容营销团队的分工及职责可以相当繁多，一般是要创作与项目管理分开，但大多数实际情况多是"一脚踢"，即使专门的广告公司，通常一位写手也要服务多个客户，时间的分配往往未必充裕。

新模式：众包内容（Crowdsourcing）

除了传统式"自设工作人员"去制作内容以外，互联网分享经济下也促成了新生事物：由大众集体创作并投入的"众包内容"。

汤博乐的生意模式

汤博乐由戴维·卡普（David Karp）于 2007 年创立，是风行一时的多媒体微博及社交媒体，使用者可以跟进其他的会员并在自己的页面上看到跟进会员发表的文章。该平台坐拥 4.2 亿用户，每天制造 6100 万条贴文，是不少品牌主及国际巨星信息的热门传播渠道。2013 年，汤博乐被雅虎（Yahoo!）以 11 亿美元收购。此外，它也是不少用户成名的"冒险乐园"。根据科技网站 TechCrunch 报道，目前已有逾百个汤博乐博客内容被印刷成书籍出版。

随着广告商对社交媒体内容的需求不断增加，汤博乐于 2015 年 1 月宣布展开革命性的 Creatrs 计划，将内容制作由广告公司或品牌主主导，转换成为众包创作，首半年预算开支约 25 万美元（约 170 万元人民币）。

这一计划分为两个阶层：

大众阶层称为 Creatrs Network，由汤博乐邀请 300 位时常发表精彩内容的用户组成，其中超过 50% 的用户并非定居美国。他们在微博媒体中担任中介角色，不仅没有向 Creatrs Network 或品牌主收取任何额外费用，还通过视频会议会见成员，辅助品牌主配对最合适的创作者。汤博乐也会处理各项收费及法律事宜，并补偿成员的付出。

在 Creatrs Network 入选的 300 位用户内，再挑选其中 10 位顶尖创作者组成"精英中之精英"——Creatrs 团队。Creatrs 团队直接为汤博乐制作各项内容项目，也为一些非营利组织、艺术或教育团体等创造内容，有时包括出版刊物、举办研讨会、与大学合办课程等，而由大众组成的 Creatrs Network 则外接生意，为外部品牌主服务。

虽是广告，角度却很不同

当品牌主需要做广告时便通知汤博乐团队，从 Creatrs Network 中选出一批用户（也是微博客）为该品牌主提供内容；他们的作品与广告公司的明显不同，多从个人及用户角度出发，最宝贵的地方可称得上是百花齐放，而且没有太过"职业写手"的味道，能为读者带来新鲜刺激，也让人乐于转发。

该计划吸引了不少广告商成为客户，包括 AT&T 电讯、匡威球鞋（Converse）、盖璞时装（GAP）、立顿红茶（Lipton）、丰田汽车（Toyota）、联合利华（Unilever）、环球电影（Universial Pictures）等知名品牌。创办不足一年，汤博乐的广告收益就比去年增长了两倍，广告量也增长三倍！

Creatrs 计划何以如此成功？汤博乐善用了自家媒体的用户生成内容（User-generated Contents，UGC），特选博客为同一社交平台的受众制作最能引发共鸣的内容。加上此平台建立了用户筛选机制，保证了用户生成内容的内容质量，避免"过于外行"的缺点及增加了整个计划的公信力，另外在汤博乐平台的刊登内容项目较 Twitter、Snapchat 及 Instagram 等社交平台有更长的保存时间（shelf-life），那就解释了整个计划为何受到市场热烈欢迎！

创作新领域，各方多赢

对 Creatrs Network 计划的参与者而言，他们的内容不但可以增加他们的知名度，更让他们找到传播渠道，寻找商机。对广告商而言，他们惯常委托"内容农场"（content farm，指以取得网络流量为主要目标，图谋网络广告等商业利益的专业公司；为求商业利益，这些公司有时会采取非法之手段，大量、快速地生产质量不稳定的网络文章。）或其他媒体企业制作内容，再向社交媒体购买版位；汤博乐则同时提供广告版位及内容制作，令整条内容生产线归一于其旗下。

在这一机制下，广告商必须先购买媒体版位，才能获得 Creatrs Network 的创作服务，这项政策令平台确保版位需求，直接增加社交媒体的竞争力。另外，由于网站直接与广告商交涉，省却广告公司或中介人的参与，由协商到出版的整个过程只需时几星期，大幅减少商业谈判的时间，也减除缴付广告公司的佣金。

汤博乐现在正进行 Creatrs 成员分佣制度及筛选制度的改善工作，相信这个协作商业模式将会成为内容业界的仿效对象，并为商业创作市场带来革命性制度的改变。现在，内容制作不再是企业的专利，普通大众或任何一位杰出的写手、摄影师、录像师都可以通过众包形式参与，共同发掘内容营销市场中的无限潜能！

wHOm
受众的研究

受众的形态

内容营销强调与受众之间的互动和联系。因为内容项目要引起读者共鸣，就要先好好理解受众所需。理解受众越深入，营销人员就能够创建出越具吸引力的内容项目。以下将会向各位介绍"人物角色"（persona）的意义，及它如何协助营销人员理解目标受众，从而强化内容营销策略！

何谓人物角色？

在介绍"人物角色"是什么前，我们先要理解市场细分化（segmentation）的概念。从学术层面而言，营销学经常强调目标受众的人口学（demographics），即通过市场调研，将市场细分成多个消费群，而不同种类的细分方法将会分析消费群的特征。当中包括年龄、性别、职业、收入及社会阶层等因素。市场细分化是分析受众最传统的方法之一，企业可以根据自身战略和产品情况，从子市场中选取有一定规模和发展前景的产品，将产品定位在目标消费者所偏好的位置上。

人物角色的原文"persona"一词来自希腊文，原意是指面具的意思。这个词汇的现代意思则是指一群拥有相同行为的人物写照。当我们以人物角色为研究受众的方法时，犹如戴上受众的面具，将自己代入到使用者的地位当中。当我们要创建产品或服务时，就会建立出不同受众或买主角色（buyer persona），借此理解受众需求，尽量设身处地解决他们的问题。由此推进，一个买主角色能够代表一个独特的潜在受众群体，令你的营销范围可以更精准地辐射到目标受众群。

值得注意的是，市场细分化是以受众属性作区别，而"人物角色"则是以行为作区别。以经营粥店为例，艇仔粥、豉油王炒面或炸油条等必为店内受欢迎的食品。然而，购买这些食品的顾客，无论是年龄、职业或收入等分布也是非常广泛的。在这种情况下，以市场细分化难以有效将市场分层，所涵盖对象的精确性也会降低，而使用行为和生活习惯来区隔受众则可以避免这个问题。

以下为B2C买主角色的例子来说明：

姓名：陈美美

性别：女

年龄：35～40岁

职业：企业部门助理经理

婚姻状况：单身

年收入：24万～29万元

关注事项：关注健康，实行素食生活达4年。

饮食习惯：倾向方便煮食为主，平日经常到超市购买蔬菜、水果，并会光顾素食馆的斋菜食品。

购物习惯：每周逛商场一次、超市两次，每天前往公司时经过并光顾便利店。

喜好：韩剧、流行歌曲。

纵观以上的例子，除了包含了性别、年龄、职业等人口学的属性以外，也同时提及这个买主角色的饮食、购物习惯及喜好等相对质性（qualitative）的数据，令整个目标受众的描述变得更加立体。这个买主角色的人物角色便有助于超市设计更能配合受众的素食产品。

对于内容营销而言，建立买主角色就要从受众角度出发，理解他们的阅读及消费习惯，以及他们对内容项目的观感和期望。这些数据让营销能更准确描述他们实在的受众特征，大大填补了营销人员对受众的认知空缺，同时防止虚构受众令营销方向出现偏差的可能性。当内容项目变得越来越迎合这些买主角色的特征，就表示其营销策略更为人性化。

深度访谈、分析元数据双管齐下

我们应该如何获得这些质性数据？最直截了当的手段就是以仪器观察及量度你的真实受众的消费行为，并分类作归纳；退而求次的方法是设计访问内容，以问卷或面谈方式获知他们的消费内容和习惯。在整个购买过程中，前线服务的人员，能够亲身与消费者接触。因此，他们也可以成为建构内容营销买主角色的访问对象之一。

另外，你也可以通过各项社群洞察工具（social listening

tools）观测受众的网上行为，以分析出受众对内容项目的喜好程度。市面上有不少社群洞察工具，例如 Hootsuite、Quintly 及 Meltwater Buzz 等软件。它们通过追踪特定关键词在社交媒体被谈论的状况，收集并分析受众对内容项目的认知度、好感度及各种正反意见的元数据，从而进一步分析出买主角色的质性资料。再者，也可以通过监察内容项目在网上的各项关键表现指标（key performance indicators），整合理解受众阅览内容的习惯。详情可参考本书中第二部评估策略成效的相关内容。

总括而言，建立人物角色以研究受众的方法，能够更具体描绘潜在受众群的特征。营销人员可以通过买主角色，建立以受众为中心的内容营销策略，令内容项目变得更真实和人性化！

细分潜在顾客，发挥内容效益

如何发挥内容营销的最大效益？找出合适的对象再做传播是第一要项。然而，寻找合适受众，却是营销活动中最艰巨的任务之一。除了以人口形态进行"市场细分"外，以下介绍另一种方法，可以配合不同的消费意欲分析及建议怎样为这群不同的消费群安排最合适的内容。

潜在顾客的细分

不少营销人员只会将具足够购买力的消费者视为"潜在客户"，然而，这样的单一分类未免过分简单，往往忽略受众对内容产生兴趣的背后动机。我们建议把潜在客户按能成为真正客户的可能性分为四类，从而让内容项目能更精准地向受众发布。

潜在对象（suspects）：也可视为"一般受众"，只要他们符合成为品牌主目标客户的条件，便可归于此类型。他们可能对品牌产品感兴趣，或因消费以外的动机而阅览内容。一般而言，品牌内容项目未能驱使他们进行后续的购买行为。

潜力消费者（prospects）：潜力消费者愿意提供个人资料，以阅览更多品牌内容。他们通常对品牌主相关的产品种类有基础认识，但尚未有足够的消费意欲。

潜力客户（leads）：这个受众群对品牌产品具有明显的消费意欲。

机遇群组（opportunities）：这个群组经过验证，切合品牌主目标受众的特征和消费意向，是最有机会成为消费者的受众。

您的内容与受众"合衬"吗？

将受众分类后，营销人员就可区分不同组别，具策略性、针对性地发布有利品牌传播的内容。

潜在对象：一般潜在对象对品牌产品未必很有兴趣，但往往被品牌或企业本身吸引而成为内容读者。营销人员宜向他们提供一些传播力较强的内容，让他们乐于转发，因而增加受众接触面，其中就有可能传达到若干潜力消费者。内容不宜硬销品牌，否则会令受众反感，更不会把内容转发。

建议内容方式包括：信息图、列表式清单（例如《上海最具影响力的十大机构》《五个护肤小秘密》）……

建议传播媒介包括：社交媒体、博客、友情链接网站等。

潜力消费者：潜力消费者阅览内容，大多要解决身边所发生的难题，或寻求一些日常生活"小秘方"，例如受旅行人士喜爱的景点攻略、餐饮指南等。对内容营销人员而言，可以用"内容即服务"来形容。因为受众对内容有需求，内容营销人员可在供应内容前要求受众提供相对的数据，例如电子邮箱及个人喜好等，趁机较深入了解受众。

建议营销内容方式包括：电子教学，如PPT、视频、说明书、信件广告、电子邮箱、分析报告、网络研讨会……

潜力客户：他们与潜力消费者同样需要信息性较强的内容，分别在于这群对象需要更专业和实用的内容。对于这个受众群，能够左右他们消费的主要因素包括价钱、品牌地位和产品能否满足自身需求等，他们需要更多与产品相关的信息。内容营销人员可与销售人员合作，向受众提供与产品相关的内容，让他们的消费意欲转化成购买行为。

建议营销内容方式包括：案例研究（解释品牌产品如何协助客户）、如何以小成本制作影片、产品比较分析……

机遇群组：他们很有机会成为真正向公司购买产品或服务的消费者，能否成功的关键在于产品所带来的满足感能否合乎甚或超乎他们的期望，消费决定阶段对价格等信息透明度要求也更高。因此，内容营销人员需要主动向他们提供相关内容。当然，这些内容皆为硬性信息，如何向受众精彩生动地演绎这些内容，就得考验内容营销人员的创造力了！

建议营销内容方式包括：价格信息表（Info Sheet）、回报率/优惠计算器、需求建议书（Request for Proposal，说明产品如何满足其受众需求的建议书)……

总括以上所述,按照不同消费阶段,受众可以按"潜在客户"细分四类,并针对不同受众群,提供相应的内容项目,这将成为开发客户的"黄金法则"。上述的分类法能协助各品牌主由不同消费环节,更有效地利用内容营销开发客户!

To Be
内容营销的发展与未来

IoT：内容营销走进物联网世界

由报纸、杂志、计算机到手机客户端，内容营销的媒介载体随着科技进步不断转变。纵然社交媒体成为内容营销主要平台的时间不长，可是业界将再次要增加或转移"阵地"了。

物联网（Internet of Things，IoT）是当今科技界最热门的话题之一。在物联网时代，不论时装服饰还是家居用品，甚至文书工具都有可能成为内容营销的激烈"战场"！

概括而言，物联网是指把生活中各种对象智能化，并通过网络联结起来，人类可以利用这些对象所产生的虚拟数据，进行各类控制、侦测、识别及服务。以智能冰箱为例，当冰箱损坏时，用户可以通过手机接收来自冰箱发出的维修讯息，避免一场食物腐坏危机。同时，智能对象会在用户的使用过程当中，保留一切操作记录。

与物联网擦出火花

由此途径，内容营销人员又可以从物联网发掘何种契机？

第一,物联网成为媒体:智能对象通过网络辨识,添加传播媒介的功能,除了增加投放平台外,同时能够更直接面对受众,呈现内容的方式也添加了更多可能性。然而,由于各种媒介规格有别,内容营销人员更需要留意所选择内容类型的兼容性,以及媒介界面能否为内容项目提供预期的视觉效果等。

第二,取得消费大数据:内容项目要引起读者共鸣,就先要好好理解受众特性。过去营销人员很大程度地依赖一些次等资料,包括互联网数据、问卷或访问等较间接的方式塑造对受众的认知。而智能对象则能够自动生成用户记录,记载用户生活的一点一滴。因此,物联网的数据可以显出更贴近现实生活的受众写照。这些优质的数据将能辅助内容营销人员设计更合适的内容项目。

第三,精准数据分析:如上所述,受众数据收集方式消耗不少资源。物联网能够实时传送受众使用智能对象时的数据给内容营销人员,这不但大幅降低内容营销人员撷取数据的时间和资源成本,更提升数据的准确性!基于数据量不断更新增加,大量数据有利于剔除错误的数据(dirty data),精准地分析趋势,审视及预测内容策略方向。

连接 GPS 的美食诱惑

物联网所提供的不止于生活的便利,更是极具价值的受众数据,可以用于改善分析受众及内容项目设计。以下介绍的品牌都应用物联网概念在其内容营销策略当中,加强了受众互动及产品体验。

美国大学橄榄球赛事盛行,每逢赛事均会吸引大量人流。连锁式快餐店塔可钟（Taco Bell，旧译"特科贝尔"，创立于1962年，属美国百胜集团旗下企业）在赛事期间利用谷歌旗下汽车导航系统 Waze 投放内容。这次营销活动针对驾车观赏球赛的球迷，通过 Waze 实时分析用户的驾车路线，向他们提示最近的塔可钟店铺位置，并同时提供店内食品图像，吸引潜力客户驾车到店消费。

物联网提供划算内容

2014年，美国连锁药店沃尔格林（Walgreens）引入立体地图技术，将物联网概念引入顾客购物体验当中。他们在购物车上安装连接网络系统的平板计算机。顾客输入想购买的货品后，计算机上就会出现货品地图，带领他们找出货品的位置。购物途中，计算机会提供货品的位置、描述货品内容及一些购物建议。

除此以外，系统也会计算顾客的行走路线及时间。假如客人在某类产品货架停留时间较其他地方长，系统就会以此推断该顾客对这类货品的兴趣比其他高。就算顾客没有从该货架购买货品，计算机也会向客户显示针对该货品的电子优惠券，希望以此能刺激顾客回心转意，再回到该货架购买感兴趣的商品。

沃尔格林以内容营销配合物联网的策略非常成功，并已将其策略应用于全美所有分店，更获得电子巨头 IBM 及世界第三大零售商乐购集团（Tesco）仿效复制至旗下超市。

最近，亚马逊展示他们的实体概念店（Amozon Go），店内竟不设任何收银设备。顾客只需把所要的东西从货架上取下（或放回），附近的辨识系统、聪明镜头及电脑便能精确计算每位顾客的总消费额，并在他们的账户中扣除费用。这样方便开放的零售点势必吸引更多顾客,而经营者获得的,包括:更低的经营成本(省却收银人力)、更满意的顾客体验(不用排队付费)、更佳的保安(在取商品时已计账,户口没有钱者将被拒之门外)、更多的免费宣传(顾客将会分享他们的新体验)……

把数据变成内容

物联网把实体物品联系起来,让内容营销不再受媒介的限制,发掘不同对象平台的机遇。同时,物联网提供大量精准数据,大大增进市场营销人员对受众的了解,设计更优质的内容项目。

随着内容营销兴起,不少品牌主兼任广告者的角色,自家组建内容营销队伍进行品牌传播。然而,不少内容营销人员仍然以传统媒体思维制作内容,除了发布渠道的改变外,内容制作往往没能克服文字及图像的界限,好像把传统报刊内容放到互联网上就当作是"网上媒体"一样,其实"换汤不换药",结果是效果不彰。

数据是内容的未来

互联网发明者之一 Tim Berners Lee 称"数据是新闻的未来"(Data-driven journalism is the future)。今天,数据新闻(data journalism)的诞生就应验了这个预言,并成为不少媒体的新趋势之一。

顾名思义,数据新闻是一个利用数据作为主体的新闻制作模式。例如,2015年叙利亚难民潮,众多媒体就收集有关难民数据制作成信息图，影像化整个欧洲局势，令受众容易理解及消化新闻。不少先进国际媒体如美国《纽约时报》、英国《经济学人》《卫报》等均投资大量资源发展数据新闻，以更具说服力的数据"说故事"。

那么数据新闻对内容营销又有何种启示呢？在大数据时代，数据供应量的充裕程度前所未有。然而，就算品牌主所掌握的数据再多，他们往往只会参考数据推动内部营运，充其量被营销人员看作规划内容方向的工具。其实，笔者认为，数据不必只限制于决策层面，甚至可以成为内容的一部分，成为内容制作宝贵的材料！

简单而言，数据主导内容制作过程主要分为以下4个主要层面：

①*发掘企业内部未"公之于世"的数据；*

②*过滤出具参考价值的数据，去芜存菁；*

③*利用信息图等方式将数据形象化，尽量省却密密麻麻的数字；*

④*细心思考如何呈现数据，向受众诉说你的内容故事。*

按照这些步骤，就可以让数据为内容加值，甚至利用数据为内容提供独到观点。

宝藏就在用户身上！

对于熟悉科技的读者，相信不会对美国科技品牌Jawbone感到陌生，它是智能腕带市场主要的生产商。Jawbone通过由其手环所收集的数据，比较不同地区用户的睡眠及运动质量，包括纽约、巴黎、北京、莫斯科、迪拜、东京和马德里等城市。其中，日本东京用户的睡眠不足 6 小时，为全球睡眠时间最短的城市；相比之下，在阿联酋迪拜，10% 用户直到上午 11 点还在睡觉（实在是天堂！）。

值得注意的是，研究中每个城市都有最少 5000 个 Jawbone 用户数据，美国城市更有逾万个用户数据。大量的样本数据，能准确地反映出各地市民的健康状况。同时，这些内容项目有助于建立 Jawbone 关注用户健康的正面形象，也赢得了不少媒体报道及关注。只需依靠内部数据，Jawbone 不费吹灰之力，就成功制作出可读性极高的内容项目，数据可谓功不可没！

不懂数据？早点睡吧！

科技专家 Alexandra Samuel 早前在权威管理杂志《哈佛商业评论》（Harvard Business Review, HBR）指出了内容以数据主导的多项优点。Samuel 认为，数据除了为内容加值外，品牌主在内容中公开数据，可以加强内容可靠性，更可成为日后供其他媒体转载和行内信任的消息来源，有助于树立品牌权威。对 B2B 企业而言，内容营销的首要目的就是建立专业形象，而数据就是最佳的解决方案。

另外，Samuel 又指出，通过内容项目公开内部数据，能够让受众了解品牌主如何处理由顾客所衍生的私隐数据。只要数据运用得宜，即可给人公开透明的印象，由此建立品牌主与顾客之间的互信。

总括而言，数据能够协助内容方向决策之余，也可以成为内容营销重要的一部分。在大数据时代,数据对内容营销的影响力将有增无减,内容团队必须进行"升级",吸纳更多数据分析人才,把握大数据为内容营销带来的黄金契机!

| 第二部 |

做好内容、有效发布

HOW：基本点—— 如何做好内容营销？
HOW：深层策略——怎样做得出色？
HOW：如何发布内容？
HOW：如何评核内容？
HOW：赢取内容营销奖项

How
基本点——如何做好内容营销?

策略:优秀方向为成功之始

美国内容营销学会创办人 Joe Pulizzi 指出,要成为内容营销高手的关键在于两点:为内容营销制订策略以及跟随策略行动。

所谓好的开始是成功的一半,制订内容营销策略的重点在于为公司的营销行动提供一个焦点。内容营销学院副总裁 Michele Linn 建议,制订策略时有两大步骤:

第一,界定作为策略骨干的目标(Goal)和任务(Mission);

第二,制订及定期调整具有弹性的内容营销策略。

认清目标:你想要什么?

比起无的放矢地发放跟公司有关的内容,具远见和战略眼光的商业目标才是内容营销人员应关注的重点。

要为内容营销制定目标,首先要认清企业在创造内容的过程中,想要达到怎样的商业目标。这些目标当然要配合企业的特色和市场定位,以下是一些常见的目标:

1. 提高品牌的知名度;

2. 建立联络潜在客户的名单；

3. 向客户推广公司的前景；

4. 将受众转为顾客；

5. 维持或提高客户的购买意欲；

6. 将游离客户变成核心顾客。

当认清内容营销想要达到的目标后，企业就应该界定内容营销的任务。具体来说就是以下 8 个问题（也是本书第一、第二部内容）：

1. 为何而做（Why）？

2. 谁人去做（Who）？

3. 谁是目标受众（Whom）？

4. 提供什么内容（What）？

5. 何时提供（When）？

6. 从何渠道（Where）？

7. 怎样去做（How）？

8. 公司如何从受众身上得益（How to benefit）？

营销人员常犯的一个错误是企图将公司或产品推销给"所有人"，这个想法代表营销人员根本不了解产品的特点。一个好的营销策略应具备很强的针对性，内容营销的重点，就是要找出对公司有最大好处的目标受众，为他们提供最需要的内容。

在每份内容营销策略中，目标和任务担当着核心的角色。营销人员应时刻检视以上两点，每条发放的内容都应该配合这二者，提供目标主导的内容。

在 2014 年内容营销大奖（Content Marketing Awards）中，

第二部 做好内容、有效发布
HOW: 基本点—— 如何做好内容营销?

美国最大乐器零售商吉他中心（Guitar Center）在 YouTube 上的频道得到了年度最佳计划的奖项。吉他中心副总裁 Dustin Hinz 致获奖辞时提到，音乐人是吉他中心的灵魂，吉他中心的存在意义就是要提供能启发音乐人的内容和平台。看得出，吉他中心开设 YouTube 频道的目的和任务，就是为音乐人（目标对象）提供一个分享、交流的平台（任务）。相对地，吉他中心就可以借频道提高曝光度，频道中介绍产品的影片也可以吸引观众购买吉他中心的产品。

定期调整：策略具弹性

目标和任务作为策略的骨干，并不建议在执行时有大程度的修订；相反，发放渠道、内容主题、工作流程等范畴，就需要定期作调整，配合社会潮流等因素做出转变。

个别的内容发放渠道分别能接触不同的顾客群，比如脸书以用户兴趣为主导，企业应定期检视不同平台的主流，了解该平台最有效的内容类型并加以配合。尤其当企业使用收费平台，更需要检查公司的内容能否有效地发放。

制订内容营销策略时，应同时认清发放内容的主题。好的主题分类不单有助于企业发放内容时保持一贯风格，更能将已发放的内容分门别类，方便读者以及公司员工搜索。

最后，内容营销策略中也应制定明确的员工工作流程，例如每个员工应负责的内容范畴。在现实情况下，内容营销需要一组员工处理公司相关的内容，在整个内容营销计划开始前，每个员工都应清楚知道自己的岗位职责和负责的部分。每当团队有变化，也应该作适当调整,确保团队运作畅顺。

再以吉他中心为例,在YouTube频道上有40多条播放列表,当中包括音乐人访谈、乐器教学、产品介绍等,也包含不同音乐风格、不同年代的音乐人。频道中的内容、内容的表达手法等范畴就是内容营销策略中具有弹性的部分,吉他中心可根据当时的音乐潮流,发放受众感兴趣的内容。

图片:几招搞好图像内容

由从前以文字为本的讨论区到集合多媒体的脸书,再到受年轻人喜爱的相片分享程序Instagram及Snapchat等,社交平台的主流已由文字转向图像。

根据社交调研网站QuickSprout的数据,图像为社交媒体贡献63%的内容,并有约一半的社交平台用户转发图像化内容。更值得注意的是,图像内容比文字内容能增加超过90%的点击率!

图像对内容营销的地位愈显重要,身为专业的内容营销人员,我们如何才能发挥图像内容的最大潜能呢?以下将为大家介绍几个图像制作技巧,轻松夺取受众眼球!

第1招:图片主体应与背景相辅相成

当你看到产品广告时,是否有留意其背景与产品有一定的关联?例如,厨具往往是以厨房作背景,运动鞋产品就在运动场地拍摄……根据美国营销企业TripleLift高级营销负责人Mike Goldberg的统计,与主角互相呼应的背景能增强产品图片的影响力,足可带动逾 6 倍的社交媒体转发次数。

虽然一幅无背景的独立产品图片能令产品外型更为突出,但是相应的背景能够引导受众,理解如何在日常生活中使用该产品。因此,当我们为产品选择背景,也需注意该背景如何配合其产品用途,从而让受众获得产品的一个整体形象。

第 2 招:不要偷懒不拍照!

何谓成功的文章?除了辞藻华美外,直抒胸臆才可打动读者心灵,这个道理同样可应用于图片上。

市场上现有 Flickr、Getty Images 及 Shutterstock 等具有相当规模的图库,虽然大部分图库图片皆由专业摄影师精心制作,可惜并非量身订制,往往达不到预期的感觉,若干图片更因使用频繁、熟口熟面,犹如"失去灵魂"一般。真实、流露真性情的生活图片比图库图片的点击率(click-through rate)高出45%,由此证明前者的优势!

对于资源较少的企业,准备大量真实生活图片确实较为困难。在缺乏自拍图片的情况下,我建议将图库图片与真实图片或网络"meme"(曾在网络上爆红传播的幽默图片或影片,可说是网民们的"集体回忆")混合制作一些崭新的图片,令图像内容更人性化。

第 3 招:位置小不同,效果大不同

图片放置的位置,对受众是否点击有很大影响。摆放于内容中心位置的图像,比置于网页顶端或右端位置的图像,有高出 6

倍以上的点击率！当中可能的原因是，不少传统网络广告均会以横幅的方式，置入网页上端位置，令网民惯常忽略这些位置的内容。因此，如果内容营销人员要为广告选择一个较显眼的位置，我们的思考不应只注重传统的横幅位置，更应考虑在内文插入图片的空间。

第4招：一段字，一幅图，一乐也

建议每350～400字，可以加插一幅图片，以提高整篇内容的可读性。以一篇1500字的文章为例，当中就可以加入约3～4幅图片。如果内容团队有足够的资源，建议可同时放不同种类的图片，如信息图（infographics）、漫画、真实图片，甚至上文提及的"meme"等，令内容视觉效果更加丰富！

第5招：一个图库免去万种麻烦！

现在有不少网上商店均会为每项产品设立独立网页。然而，以图库方式放置图片，能够将同类产品放置于同一网页，不但免去换页的麻烦，更方便受众比较类似产品。因此，后者能够增加72%的点击率及164%的受众观看时间！

总结以上，不论是图像的制作方法还是位置等环节皆不可马虎！按现在社交平台的发展，图像内容营销的重要性将会有增无减。希望各位读者能够从以上建议中获得启发，掌握图像内容的各项细节！

第二部　做好内容、有效发布
HOW：基本点——如何做好内容营销？

信息图：寻求好策略！

除了照片外，信息图也是内容营销界广泛使用的视觉"利器"。这种图往往令人以为需要大量专业设计知识才可制作，但其实只要掌握基本的设计基础，几乎大部分人都可以制作精美的信息图。现在我就为大家拆解这些基本元素，迅速了解信息图的制作窍门！

选定信息图类型

市场营销人员必须对其内容主题的类型分析清楚，以配合适当的信息图结构和排版。信息图的框架有以下几种常见的类别：

1.时间线信息图：企业里程碑、产品发展等（图2-1）。

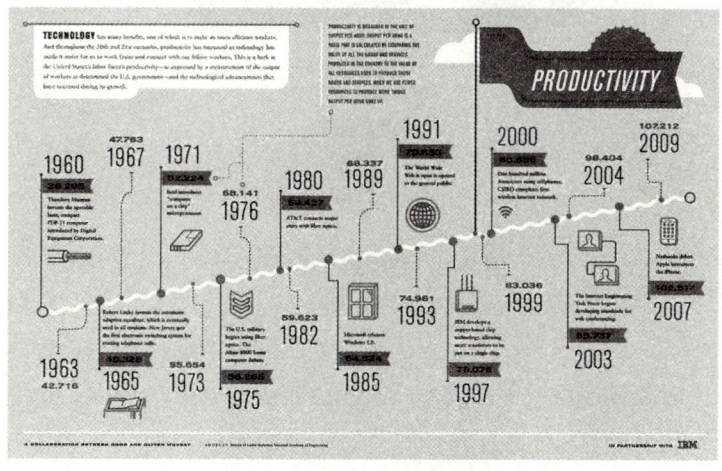

图2-1　时间线信息图范例[17]

---

[17] 图像来源：www.targetprocess.com/blog/wp-content/uploads/2014/02/Transparency-Productivity.jpg

2. 路径图（roadmap，图 2-2）：像说故事般解释某事件主题的原因及发展路径。

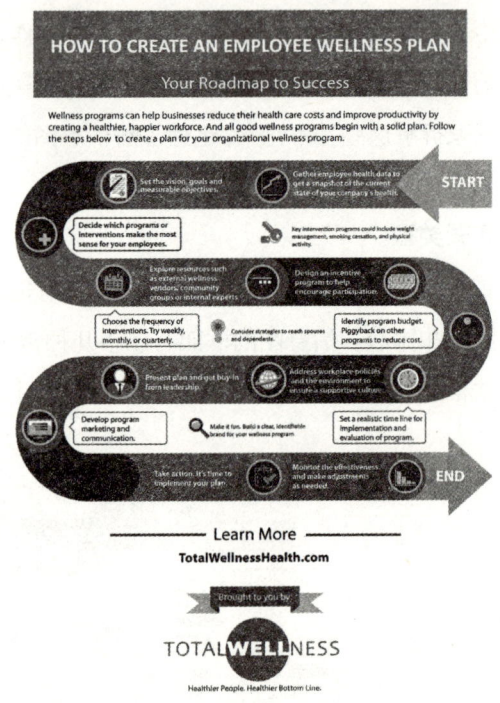

图 2-2　路径信息图范例[18]

3. 架构或层次图（图 2-3）：企业业务分类、产品及事件分类等。

---

[18] 图像来源：http://www.designinfographics.com/business-infographicswww.designinfographics.com/business-infographics/ how-to-create-an-employee-wellness-planhow-to-create-an-employee-wellness-plan

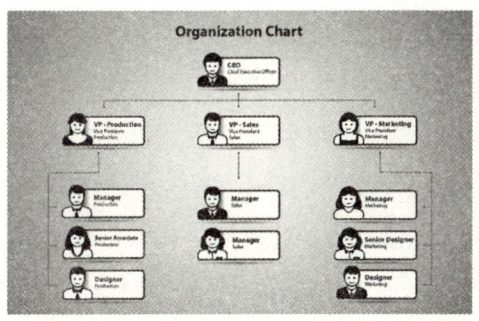

图 2-3　架构或层次信息图范例 [19]

4. 等值分区图（choropleth map）：在一个地理区域中，根据分区资料针对某一主题，利用颜色进行分级，反映各区现象的集中程度及其分布差别。例如，2012 年非洲各国卫生设施充足率比较图（图 2-4）。

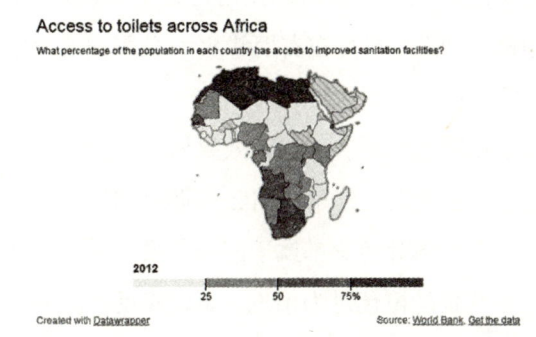

图 2-4　2012 年非洲各国卫生设施充足率比较信息图 [20]

---

[19] 图片来源：https://affinityexpress.files.wordpress.com/2013/11/org-chart.jpg?w=550
[20] 图片来源：http://www.theguardian.com/global-development-professionalsnetwork/2014/aug/28/interactive-infographics-development-data

决定信息图所包含的信息

决定好信息图类型后，就要开始决定当中所包含的信息。我建议利用免费的"谷歌趋势"工具（http://www.google.com/trends/）在网络上获得与内容相关的关键词被搜索的趋势频率和统计数据。对于宏观行业统计资料，一些相对昂贵的行业分析报告，营销人员可以到"谷歌学术搜索"查看有关的学术著作，不少研究都会引述行业数据，除了节省搜索时间外，更增加信息图的可信性。另外，建议信息图最多包含10种信息数量，份量太多受众将难以消化图中内容。

配色

一般而言，信息图的颜色数量尽量不多于三种，而选择配色组合是一门循序渐进的设计学问。市场上流行使用强烈对比的配色突出主题。对于入门者，可以使用色轮（colour wheel），先选择某一颜色为基准，搭配左右相邻60°范围内的颜色。以下为配色的两个例子：

虽然本书用双色印刷，看不清效果如何，只需读者在制作信息图时，注意颜色的对比即可。图2-5明显利用红色吸引受众阅读。可是，当中大部分色彩都属于同一色系。这幅作品中，由于主要色红色与背景的橙色过为相近，未能起反差作用，导致两者融为一体，受众难以从图中找出重点。

第二部 做好内容、有效发布
HOW: 基本点—— 如何做好内容营销？

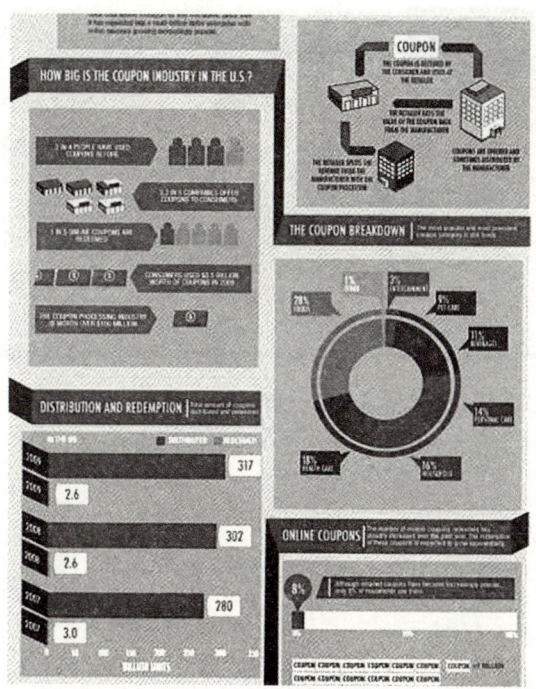

图 2-5　配色不佳的例子[21]

　　图 2-6 主要运用绿色与深褐色双色相配。简单的颜色组合让受众感官上容易接收信息，同时给予受众大自然般的感觉。设计师更利用不同粗细的线条和图形避免重复感。

---

[21] 图片来源：http://thumbnails-visually.netdna-ssl.com/how-big-is-the-coupon-industry_50290a65dd10a_w1500.png

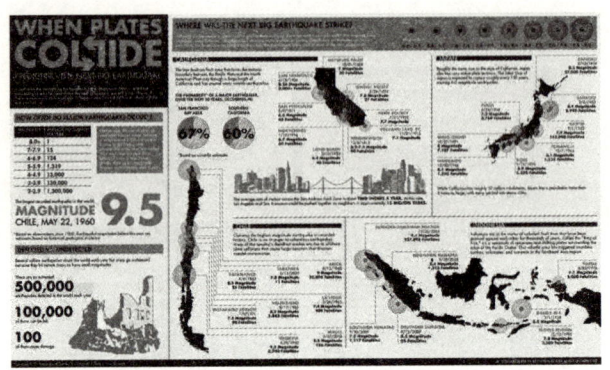

图 2-6　此图相当复杂，但用色明朗，仍易于阅读[22]

文字设计

文字设计在信息图中可发挥分层功能，能够让受众了解不同种类信息的重要性。

与配色一样，信息图的字形应尽量维持 3 种以内。字体大小则需要根据图像和排版决定。同时，设计者需注意文字只是信息图的配角，图像才是内容重点。因此，字形、字体和字数都必须有所限制，不应喧宾夺主。

图 2-7 的文字占信息图的大部分篇幅，密集的文字容易令受众失去阅读的兴趣，设计并不明智。

---

[22] 图片来源：http://www.ritholtz.com/blog/wp-content/uploads/2011/03/plates-collide.jpg

第二部 做好内容、有效发布
HOW: 基本点—— 如何做好内容营销?

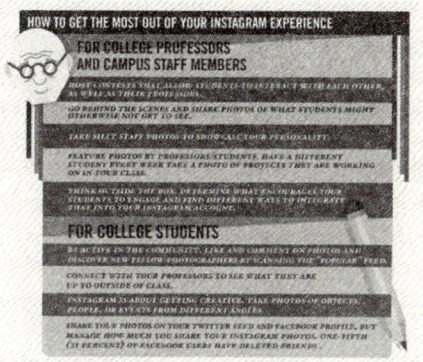

图 2-7　此例子的文字太多太密集，不易阅读 [23]

图 2-8 的标题与其余小标题对比层次分明，设计者将解释文字缩小防止取代图像的位置，配搭比较得宜。

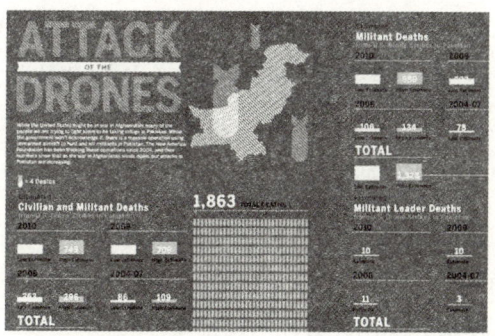

图 2-8　此图把文字与图案分开，图文配搭仍清晰易读 [24]

---

[23] 图片来源：http://thumbnails.visually.netdna-cdn.com/instagram-nation_502917cd6db20_w618.png
[24] 图片来源：http://cdn.inside.com.tw/wp-content/uploads/2012/08/infographic-how-to-9.jpg

如果读者担心未能驾驭 Adobe Photoshop 及 Illustrator 等图像软件进行制作，建议读者到 Canva（www.canva.com/）、Cool Infographics（www.coolinfographics.com/）及 Visual.ly（http://visual.ly/）等提供网上制作信息图程序网站，认识整个制作概念。

无论排版、配色还是文字安排，这些环节都不能小视。信息图能否成功的关键之一在于能否让以上的元素紧贴内容主题。设计并无绝对的准则，以上所述也只是较常用的制作策略。只要设计者可以在"抢眼球"及视觉舒适度之间作出平衡，就能做出出色的信息图！

境态："场景"概念深化内容生态

美国拉斯维加斯美高梅大酒店（MGM Grand Hotel）利用场景化（contextual）手段，为受众带来个性化的体验。服务始于顾客利用手机登入美高梅移动应用程序，顾客迅即获得房间的电子门匙，程序会根据他过往的消费历史及现时所在位置，不停地提供优惠。例如某顾客上次入住时，曾到酒店内的中餐厅用膳；他再入住酒店时，程序就会基于他所在的酒店位置及消费偏好设定场景，推送适当的中式餐厅用膳优惠。

更深层化内容营销

某些营销业界朋友搞宣传活动，往往以单个项目为基础，例如这里减价，那里送赠品等，通常以购买媒体版位或时段方式获得传播渠道。根据市场调研公司弗雷斯特研究（Forrester Research）发现，62%的资深营销人员根据每次不同的活动，按次设计传播内容。这种传统内容制作模式，虽然能让内容得以传播，代价却是大量人力及庞大的广告费用支出。再者，在瞬息万变的时代，这种"放一炮走人"的形式，只会使受众获得非恒常性的体验，难以触动消费者。

美国企业通讯社美通社（PR-Newswire）高级营销副总裁Ken Wincko就提倡了"场景化联系"（contextual connections）的概念。简而言之，就是通过判断受众在当下场景的潜在需求，向用户推送基于这个需求的内容，经网络实时、到位地为他们提供具有价值的内容，解决他们的各种难题。就如美高梅大酒店一样，令顾客得到一系列"心中所想"的优惠及体验。

值得注意的是，"内容"相对于"营销"，在整个与客户接触的过程中占重要席位，营销人员视内容为整个策略的重要基础。受众接触面不再取决于发布渠道，而是通过不同接触点累积而来。同时，在接触点加入崭新的科技，例如立体投射、虚拟实景等，让顾客得到应用体验，影响受众对品牌的关注程度。

场景化三要素

场景化联系概念，包括以下三大要素：

1. 境态（context）：内容营销人员不再从品牌主角度制作内容，而是从受众角度思考内容可以怎样改善他们的体验。当中不但涉及受众需求或传播渠道等因素，更重要的是在信息爆炸的环境下，锁定受众信任的消息来源。

2. 联系（connected）：如上所述，以宣传活动做内容营销模式将无以为继。品牌主或内容营销人员需要建立一套发布框架（如美高梅酒店为顾客的手机开发的应用程序），在客户过往的活动基础上再发展，更有效地影响受众行为，犹如一个循环的生态系统，不断补充血液。

3. 互动（interactive）：内容项目将不会依赖单一媒介，而是朝着互动多媒体的方向进发，让受众可以更容易理解品牌主所传递的信息。根据美通社的数据，每当新闻稿件加入一项视觉元素，就可以增加92%内容可见度；在新闻稿中嵌入具互动功能的多媒体内容，平均可以增加5.1%内容可见度。

这种内容与传播结合的集成化战略促进了美通社的业绩增长。当中，多元化的内容满足了不同渠道和个性化信息需求，内容下载量增幅高达506%，潜在客户转化率（受众因广告影响而产生消费行为成功率）增加47%。

"企鹅"出笼，网站排名大灾难！

"场景化联系"不仅应用在内容营销领域，也被应用到搜索器（search engine）的范畴。Google研发了"谷歌企鹅算法"（Google Penguin），用以协作计算网站搜索排名。当网站采用付费广告或关键词等手段来增加被搜索的概率，该系统会视之为"违规行为"，于是会自动把排名降低，甚至剔除作为"惩罚"，从而防止人为干预排名或网站滥用搜索引擎优化（Search Engine Optimization，简称SEO）技术，而场景就是当中主要计算因素。例如一个主题为电子科技的网站，如果被发现当中含有不相关的信息，比如卖花等，由于卖花并不符合电子科技的"场景"，"谷歌企鹅算法"就会对该网站进行"惩罚"，降低其原有的排名。

"谷歌企鹅算法"由2012年推出至今已发展至第四代，每次更新都会宁枉勿纵地将1%～3%的网站从搜索排名中剔除，不少网站都对此叫苦连天，甚至每次更新都会出现大批网站向谷歌申诉辩护的情况。虽然如此，这项措施同时优化了谷歌搜索排名的质量，并为营销业界制造了更佳的内容搜索环境，整体对品牌主及受众有正面作用。

总结而言，"场景"概念影响到内容生态，因此内容的重要性有增无减。内容营销人员的视角，不应局限于内容项目和营销途径，更重要的是为受众增进体验，从大环境中作整体思考。

互动：为内容增添活动元素

随着网络设计发展日趋完善，互动（interactivity）内容种类日渐多元化。下面将介绍几种业界广泛采用的互动方式，探讨如何利用它们令你的营销内容更具活力！

用问卷说故事

问卷（或小问题测试）是最传统的互动内容形式之一。过往问卷多独立展示成一个栏目，传统式问题设计单向，更没有条件实时互动。然而，随着时代及技术进步，问卷已发展成为"读者制造内容"（user generated content）的工具，也是广受各大品牌或国际传媒欢迎的"说故事"（storytelling）手法。

著名美国传媒 AOL 常常将问卷调查融入新闻报道。例如，一篇以《政府为前总统开支设限》（House bill would cap expenses for ex-presidents）为题的新闻（图 2-9），谈及美国政府限制为前总统支付月薪以外的额外费用。报道中包含问卷环节，向读者询问对事件的看法，读者回答后随即可以见到调查结果，参与者在了解新闻之余，更可立刻知道其他网民对新闻的看法。

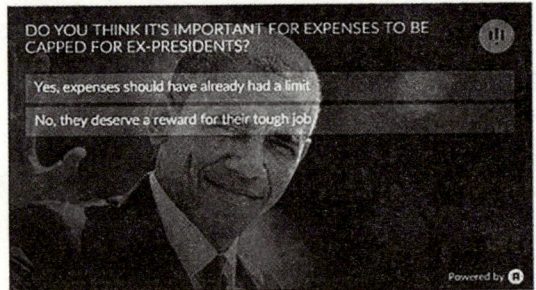

图 2-9　在网上向读者发问题，同时制造一些新的内容

网上问卷服务选择众多，Google Forms 及 Apester 是最常

用的网页嵌入问卷程序,免费且使用简单。即使用户不具备编程知识,也能轻易制作问卷。

令读者变为粉丝

问卷调查不但可以收集意见,甚至可成为指导读者的工具。

中国香港证监会旗下的投资者教育中心"钱家有道"(www.thechinfamily.hk/web/tc/)就有多份问卷调查,要求投资者自行评估自己的财务状况。以该网站的"个人理财分析"问卷为例,主要以选择题方式,请受访者填写有关日常收支、投资、债务,甚至遗产规划等事情。完成问卷后,网站会根据受访者答案自动评分,并提出相应理财建议。这对刚接触投资的人士尤其实用,不但增加了他们对理财的认识,更重要的是让投资者教育中心取得用户数据,提供有用讯息,建立正面的品牌形象。

嵌入一部计算器

问卷以外,一部计算器也可增强读者互动。不少财务或购物网站都会在网页上设置一部计算器,让用户能够实时计算与产品相关的数字。例如地产网站就为用户提供"按揭计算器",以最新利率估算往后的按揭支出,甚至能评估是否可以通过压力测试,一切安坐家中就能掌握。计算器这样的小工具看似微不足道,却贴心地为用户实时解除琐碎烦恼。

加插地图,找寻趣味小区

另一项不得不提及的互动内容就是加插地图。地图程序除了能够准确指出不同的地理位置外，更可提供其他附带信息，譬如周边街景影像、交通指南、商店讯息，对用户非常方便。而大数据潮流兴起，更有助于加入众包信息，为这类地图提供更多趣味数据。

美国地图品牌 Mapme 专门为政府或私人机构制作具有主题特色的地图。例如，英国文物保护组织"历代英伦"（Historic England）就曾利用 Mapme 制作以小众性文化为主题的互动地图"骄傲之地"（Pride of Place，https://historicengland.org.uk/researth/inclusite-heritage/lgbtg-hentage-project/），利用网民所输入的数据，衍生各个特色的小众性文化地点记录；智利政府也有利用 Mapme 制作以初创企业为主题的互动地图，监察初创企业的营商状况。

利用图画代表数据

现在网上大部分信息图都是以静态为主，近年就有不少传媒或品牌开始专注制作具有互动功能的动态信息图，这样也可吸引读者互动。2012 年，国际财经媒体彭博新闻（Bloomberg）推出"彭博视觉数据"（Bloomberg Visual Data），将不少有趣数据汇聚成信息图，这样做可增加点击率。

以"彭博亿万富翁"（Bloomberg Billionares）网页为例，当中收录了 500 名世界各地的首富资料。点击首富名字后，就会跳到关于他的专页，其中的信息图随即显示他的资产详情以及最近相关新闻，同时也支持按所在领域、国别、性别、年龄进行筛选，得出专门的排名，以及不同统计图表的呈现模式。传神的首富头像、详尽的背景分析,加上信息每天更新,这幅信息图功能强大、实用,简直是艺术与新闻的完美结合!

上述互动内容均突破传统单向的呈现方式,细致地设计用户体验,更应用大数据为用户提供互动且可靠的信息。相信内容制作的未来发展,会更深入地融合"声、影、画"媒介和大数据,创造互动内容的更多可能!

建立"内容库",准备好将来

当你实行内容营销策略时间愈久,所使用的内容就会愈多。面对不断增加的内容,是否感觉到内容开始变得杂乱无章,甚至有重复的现象?以下为建立内容库的策略,可使你降低内容管理成本,令内容营销策略行之有效。

"内容库"的不同层面

顾名思义,"内容库"就是把一些特定的内容存储起来,以便有需要再使用一次或多次。

美国营销公司 Influence&Co. 行政总裁及联合创办人 John Hall 指出,内容可以从几个层面进行分类:

1. 企业内部信息;

2. 行业信息;

3. 额外数据、资料、知识和相关观点(这可以让内容库的资料同时具备深度和广度)。

企业内部信息是指供员工内部参考的企业营运数据和消息。

例如：一家手机公司将会在暑期中旬推出新型号的手机，并会在各区域进行流动宣传活动。企业内部信息涵盖企业重要事件时间表和商品的数据，让员工更理解企业，作出更配合企业的营销策略。

行业信息则是相关行业分析和趋势。例如，油价因某地区战争提升，对于航空公司而言，这将直接影响他们的营运成本和乘客安全。相关的油价和地区安全分析信息在这种情况下就大派用场。同时，分享这些实用性的信息能够增强企业行内权威和声望。

额外数据、资料、知识和相关观点指一些较为松散的数据、资讯，例如一些问卷调查和访问等。以食物供货商为例，某社会组织对不同年龄层的年轻人进行问卷调查，了解他们的饮食习惯。这些数据本来是中性的，食物供货商可以利用数据，决定他们食物产品的发展方向，将这数据应用在营销当中。

当然，"内容库"的分类方法不受限制，企业可以根据自己的情况将内容有效分类，只要是有系统地整理即可。

除此以外，企业也要注意"内容库"内资料的透明度，必须让员工有足够权限和渠道随时翻阅库中的内容。有的企业会设计特定的管理系统，设定员工阅读内容的权限。网上也有Google Drive和Dropbox等应用程序，在设定阅读权限之余，也容许不同部门的员工在虚拟空间阅览、分享及增加库中的内容。在数据系统化和透明度足够的条件下，"内容库"就会得以持续发展。

"内容库"的企业应用

"内容库"建立后，将成为企业的重要资产。其应用范围广泛，最直接的用途，就是创作新的内容时，员工可以根据库中的内容撰写新材料。当中不少公司现在和过去的资料，将大大减少员工搜集数据和材料的时间。

假设一家手提电话公司想比较新、旧型号电话的性能，员工可以直接从库中找出旧型号手机的评测和新型号比较即可，节省了重新评测旧型号手机的时间。再者，因为库中有内容发布的记录，员工也可轻松通过这些记录避免内容重复或忽视某些从前曾讨论的问题。

销售人员可以将客户的成功故事、客户对产品的疑难和常见问题等信息输入"内容库"中，成为未来参考资料，令创新内容更贴近客户。以无线路由器产品为例，其设定流程可能对不熟悉科技的客户很有难度。员工可以根据库中的评语，在社交网站中创作教育无线路由器产品知识的内容，设身处地解答客户疑难，增强客户体验。

在员工的互动下，"内容库"将不断被更新，企业内部分享重要内容和信息，成为一个有机的、可持续发展的沟通平台。在进行内容营销时，可以考虑建立内容数据库，让公司的内容营销策略变得可持续发展。

人员：招聘"六力俱优"的人

笔者撰写有关内容营销的专栏文章已有一段日子。眼见身边有不少朋友逐渐采用各式内容营销策略，效果不俗，甚至考虑增聘人手专门负责，甚感安慰！不过，如何找寻适合的"内容营销人才"，因先例不多，有时亦难免迷失方向。

各位朋友是否有遇到过以下困境：

1. 专责内容营销的同事只侧重网上内容文案，对平面媒体或影像内容处理和制作的认知却非常匮乏。

2. 内容营销的同事文笔到家，能够构思出独当一面的内容。可是，当他们真正实行内容营销时，却无法建立一套全面可持续的营销策略，内容难以经历时间考验。

3. 由顾问所提供的建议空洞，实行时充满无力感，可谓"离地"至极！

到底一名合适的内容营销人员应具备什么条件？在进行招聘时，各位面试官又如何验证他们的能力呢？接下来我希望从人力资源角度，探讨企业应如何招聘优质内容营销人才。

内容营销人员"6"技之长

不论短期营销活动还是长期内容制作计划，企业最好在招聘前先制定好营销目标，明确要求应征者所需的各项技能。以下将内容营销人员应有的技能粗略地分为 6 大范畴：

1. 分析力：寻找并分析消费者行为的洞见能力。

①可与持份者（即利益相关者，英文为 stakeholder，指于某公司或机构中拥有利益的不同个体或群体。有关的利益可以十分广泛地理解，当中可包括：现金、股份、职位、名誉、时间、权利等等）沟通访问。

②审核并分析各项内容（content audits）。

③进行品牌竞争力分析（competitive analysis）。

2.设计及规划营销策略的能力：为内容营销做出长期及可持续发展策略。

①具备内容评论能力。

②理解或设计各项内容管理系统（Content Management System，CMS）及模型。

③能分辨不同种类的内容（taxonomy），配合不同内容策略。

④对内容进行有效质量管理（quality control）。

3.项目管理及执行能力：确保内容营销按时进行，同时能有效控制成本。

①编撰各项项目规划。

②编撰各项内容制作大纲。

③懂得利用内容营销矩阵（content matrix，读者可回顾《利用矩阵图策划内容营销》一节以了解内容营销矩阵的详细运作）。

④决策各项内容营销发布渠道规划。

⑤同时充分平衡投入资源及回报率（Return On Investment，ROI）。

4.培训及报告能力：可对员工进行内容相关的培训。

①举办内容工作坊。

②能够设立适合的写作风格指南。

③能够编辑内容，并为员工进行合适的指导。

5.用户体验（user experience）设计能力：能整合用户体验元素于营销策略中。

①利用"角色化"技巧，理解目标受众。

②能够执行各项用户调研。

③理解各项关键表现指标（Key Performance Indicator，KPI）。不时发掘更多具互动性及创造性内容。

6.对内容科技的认知：能否利用市场各项合适科技，让品牌内容得以有效管理及传播。

①建立搜索引擎优化的内容。

②为内容建立"元数据"（metadata），加速内容自动化。

③掌握各项能够利用"大数据"（big data）的科技，例如数据图像化工具、A/B内容测试工具等。

开放式题目知行情

招聘另一环节就是亲身面试。面对"身经百战"的内容营销人员，招聘企业以开放式的情景题目考核应征者，不但能够考验他们的创意和经验，也可对行情有更深入理解。以下是一些常见的开放式题目：

1. 应征者惯常使用什么内容管理系统？这个系统有什么优势？

2. 你如何对一个内容营销计划做出成本效益评核？

3. 对于某项内容的点击率较平均为低，你认为原因何在？

4. 作为内容团队管理者，你会如何协助团队成员？

5. 对于企业所属的行业，应征者能举出最佳实践（best practices）的例子吗？

当然，如果应征者能够提供过往内容作品，就能让招聘企业更清楚其"功力"了。

总结以上所述，内容营销人员所需的知识和技术涵盖范围都非常广阔,希望本书所述可协助各位求才若渴的招聘者能更精准地招聘到合适的内容营销人才!

How
深层策略——怎样做得出色？

形式：以矩阵图作策划工具

内容营销并非一蹴而就。在品牌传播有效的大前提下，内容营销需要持之以恒，建立受众群并进行长期"软销"。与此同时，内容项目所累积的数目不断上升。假如内容策略方向混乱或发布渠道不合适，就算制作的内容项目质量再高、数量再多也是徒然。因此，长期评估内容策略有其必要性。

无论你的品牌人物角色化数目多少，受众的阅读媒体习惯亦各有不同，平衡受众喜好的关键在于融合内容项目属性及策略。接下来我将介绍分别针对内容项目类型和传播渠道的内容矩阵图（Content Matrix），以图像化内容策略方向和效能，让市场营销人员可按图索骥，配搭出最适合自己品牌的内容营销策略。

何谓内容类型矩阵图？

所谓矩阵（或称四象）图，就是分别利用坐标图中的 X 轴（横线）和 Y 轴（垂直线），横跨两个不同的价值刻度，在政治、经济方面的应用很广。例如，在一个有关政党的矩阵图中，X 轴的刻度为亲政府及反政府的倾向，而 Y 轴则为支持自由经济和支持福利主义的倾向，从而得出多个政党的定位，理解其政治光谱。

内容营销基本运作，就是通过内容项目引起受众对品牌的关注为目的，以达到改变受众行为为目标。这些内容策略的目标，都可以成为矩阵图的价值刻度。

从矩阵中找出内容策略

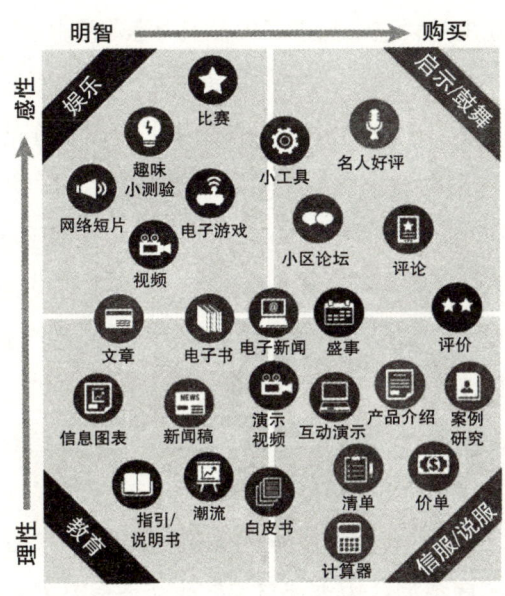

图2-10　内容方式四象图[25]，包罗了启发、说服、教育、娱乐四大类内容，可见种类繁多，非常吸引人

---

[25] 图片来源：www.smartinsights.com/wp-content/uploads/2012/05/content-matrix.jpg

图 2-10 是市场调查机构 Smart Insights 所制作的内容类型矩阵图。图中 Y 轴代表"信息提供",由理性(rational)的教育使人信服,至感性(emotional)的娱乐、灵感(由下至上);X 轴则代表"营销目标",由知名度(awareness)至消费、购买(purchase)(由左至右)。不同的内容项目坐标代表其属性。例如,个案研究(case studies)提供深入分析而位于矩阵图较右下角位置,而网上游戏(games)主要提供娱乐而偏向左上角位置。

值得注意的是,这个图正好代表了内容营销由"软销"到改变受众行为的整个过程。假如你营销的是一个 B2C 新生品牌,策略是尽量以娱乐吸引大众的关注为主,那么制作的内容项目要集中在矩阵图的左上角,即是以娱乐作为吸引,包括:比赛(competitions)、小问题(quizzes)、辗转发播(viral)、游戏(games)、视频(videos)等;相反,假如你营销的是一个 B2B 传统品牌,需要提供信息、游说受众购买品牌产品,于是制作的内容项目就要集中于矩阵图的右下角,即是以"信服/说服"的策略行事,包括:个案研究(case studies)、产品信息(product features)、交互式示范(interactive demo)、清单(checklist)、价单(price list)、计算器(calculations)。市场营销人员也要留意,平衡不同类型的内容项目,例如两个象限(quadrants)间的工具,包括(由左至右):文章(articles)、电子书(eBooks)、电子新闻(eNews)、营销盛事(events)、评分(ratings),及由下而上的报告及白皮书(reports and white papers)、示范影片(demo videos)、小聪明(widgets)等,适合较广泛用途,是无论哪种定位，也不可不考虑的内容营销工具。

以矩阵图策划媒体

相信大家对"内容为王"（Content is King）这句经典语句耳熟能详；与之配套的发布渠道，就算得上是内容营销的"后"了。虽然现在内容项目可以投放的渠道几近无限，但是营销者的资源始终有限。要获得最大的成本效益，关键在于内容投放渠道的有效性。Smart Insights 营运总监 Dave Chaffey 提出了内容发布渠道矩阵图（Content Distribution Matrix），同样以矩阵图进行媒体策划。

图 2-11 中，Y 轴代表发布渠道投资回报率的高低，回报率越高，位置越高，反之亦然；X 轴就代表发布渠道的效能高低，效能越高，位置越偏右，反之亦然。由此途径，四个象限分别是：（左上）低发布量、低回报，（左下）低发布量、高回报，（右上）高发布量、低回报，（右下）高发布量、高回报，也是发布渠道的最佳选择，媒体包括：Adwords、Facebook 内部增长、SEO 长尾、博客营销、Twitter 内部增长等。

读者也可能留意到，图中不同发布渠道图标以不同颜色显示，代表着 3 种互联网常见媒体的 3 大类型：

付费媒体（paid media），图中以最深颜色标示。向媒体付费，获得讯息传递的时间、空间，如电视、电台广告及网络横幅广告等。

口碑媒体（earned media），图中以中间深度颜色标示。由其他媒体或社交媒体用户互动时自行产出的口碑内容、评价等。

自有媒体，也称**"自媒体"**（owned media），图中以最浅颜色标示。品牌主自行拥有的媒体，包括免费及付费媒体，例如微信、微博、主网页、Facebook 专页等。

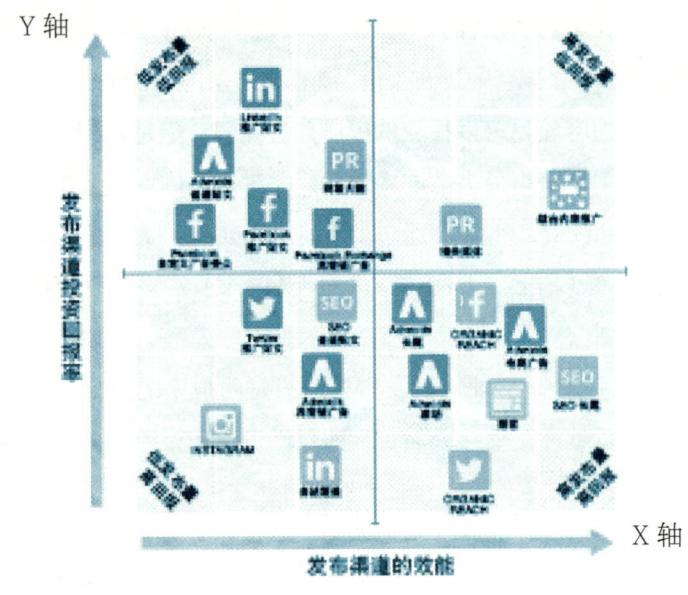

图 2-11　互联网媒体类型四象分布图[26]

当结合内容发布渠道的类型、回报率及有效性后，市场营销人员就能够掌握内容项目所投放的渠道是否适合，或者决定引入其他潜在的投放平台，增加受众接触面。同时，市场营销人员也可以观察及记录其他竞争品牌的内容营销活动，制作同样的矩阵图作比较，这将会成为极具参考价值的分析工具！

---

[26] 图片来源：www.smartinsights.com/wp-content/uploads/2012/05/content-matrix.jpg

内容矩阵图将内容营销策略形象化，为市场营销人员评估及分析策略提供极大的便利。大家也可以用一个空白的矩阵图，把所思所想的营销工具按实际情况加进四个不同象限内然后综合分析。利用图像作规划，除了可大大节省时间外，更可增加分析的准确性。

创意：怎样的内容才算好？

在过去十几年，内容营销成长迅速，在市场上的地位愈发重要。前文我谈及不少制作内容的细节，还有吸引人才的方法，相信大家看了这么久，都会"心痒痒"想制作自己的内容来宣传自家品牌。

可是大家要小心一点，那就是越普遍不代表越容易，反而容易多"甩漏"（脱脚）！下面我想谈一下内容营销几个常见的不足之处，大家除了规避风险，还可以以此审视市面上的内容，看它们有没有犯这些常见错误！

没有好内容，营销难推展

内容营销，顾名思义，内容就是最重要的一环！笔者之前再三强调过内容的重要性，那么在制作内容的时候，最容易犯些什么错呢？通常内容上容易犯这几点错误：第一，内容不够好；第二，没有明确定位；第三，深度不够。

怎样的内容不够好呢？

首先，要看内容的"整洁度"，以文章式的内容来说，"整洁度"

就是语句和文字的准确性。如果一篇内容之中错字连篇,语法乱七八糟的话,很容易令内容达不到本来的效果。因为读者在阅读的时候,容易因此分心,对他们记忆内容不利。以某区议员的宣传横幅为例,曾有某区议员的圣诞横幅把"Merry Christmas"(圣诞快乐)拼错成"Marry Christmax"(结婚圣大),结果和市民普天同庆的意思没传达到,反而成为市民茶余饭后的笑料。

其次,没有自己风格的内容也不是"好内容"。如果没有形成自己的风格,就容易被受众遗忘,有既定风格的内容能够引导人们想起背后的品牌。以日本运动饮料宝矿力为例,此品牌的电视广告大多数特色为年轻的女性、蓝白色调、青春梦想,成功营造出清爽、有活力和年轻的品牌形象。反之,如果一个品牌的内容没有自己的风格,除了无法成功推销之外,也会无法建立良好清晰的品牌形象。

作为营销的重要中介,内容也应该有明确的定位。例如你想拍一部影片放在社交媒体,那你就要尝试把影片拍得感人或者引人反思,并把宣传的内容藏于其中,这样一来才能增加点击率。但如果是文字较多的,张贴在网站上的内容,就应该注重自我推销和直接把宣传内容点出。有一些内容如果搞错了定位,影片拍得很沉闷,文字写得太隐晦,都会令效果大打折扣。

最后,内容的深度不够也会是致命伤,如果内容创作人员对内容相关的主题不够熟悉就会产生这种情况。例如今天你在博物馆翻阅小册子,你希望得到的是每个朝代的概述,还是一个朝代兴衰的详细阐释?相信后者给予你的印象一定更专业和更有说服力。现今内容营销对内容深度的追求渐高,有一些内容可能为了迎合"快餐文化"缩减长度，反而损害了背后的深度，结果可能得不偿失。

小秘方： 找一个对主题有认识的内容创作人员，并且在每次发表内容之前仔细检查，并制作多个版本来优化内容。如果内容是有关于基本概念及大局观的即有机会"长青"（Evergreen），可以不需二次宣传即可吸引新客户。

"上帝"未死，受众至上

服务业有一句老话："顾客就是上帝。"意指服务业人员应把顾客当上帝来看待，虽然现在很多人都不再信奉这一信条，但是在内容营销之中，"目标客户（受众）"（Target Audience）就是上帝啊（似乎用财神来形容更贴切一点）！

试想想，如果你问朋友今天星期几，朋友却回答现在是下午三点，这对你有帮助吗？如果内容不能够配合客户的需要，那就无法吸引更多的客户，内容本身的意义也就不存在。

要在内容上尽可能配合客户需要，记得要先搞清楚你的"目标客户（受众）"，一般而言，会将"目标客户（受众）"限定在相对狭窄的范围。因为就算是同一个年龄层，也会由于教育程度、经济背景和其他因素而出现差别，所以在制作营销内容时记得要针对"目标客户（受众）"，这样才能最快抓住潜在客户和满足现有客户的需要。

小秘方： 对"目标客户（受众）"进行调查，并定下一个较窄的攻略范畴，从而进行针对性的营销和制作内容，以免出现无法配合"上帝"需要的情况！

善用网络，事半功倍

网络在现代人的生活中举足轻重，在内容营销中亦然。在不同的社交媒体中张贴内容，就要根据不同社交媒体的特性来设计或裁切内容，因为没有两个社交媒体的特性是完全相同的。比如说，推特的用户喜欢转贴链接和大概的信息，脸书的用户则希望有可以用来"赞"和有一定深度的贴文，微信则有"朋友圈"和"发红包"。所以适当地配合内容张贴的社交媒体，并对内容进行微调是必要的。如果没有迎合到该媒体用户的喜好和习惯，可能就达不到想要的效果。

不但要配合社交媒体，活用SEO（Search Engine Optimization，搜索引擎优化）也可以使内容让更多人看到。所谓SEO，就是通过了解搜索引擎的运作规则来调整网站，提高网站在搜索引擎的搜寻排名。一旦网站的搜寻排名提高，就可以增加网站的人流，降低寻找新客户的成本。很多时候内容的制作方会忽略了这一点，那就只能任由百度、谷歌等搜索引擎把你的内容按照他们的排序方式排列了。

小秘方： 增加关键字的使用率，或者在段落之首使用关键字，就有可能提高搜索引擎的搜寻排名。

心细如尘，别具匠心

看完上面的"小秘方"，总结出最重要的两点：第一，要够细心，观察客户需要细心，制作内容要细心，最好每个地方都仔细琢磨；第二，就是内容要做好，不但要能够配合客户需要，还要有自己的特色，当然最理想的是制作出"长青"的内容。

技术：速度 4 式

近日我与一位商界朋友相聚。我看他愁眉苦脸、心事重重的样子。细问之下，得悉他属下品牌开展了内容营销策略。虽然他投放了不少资源与心血，然而却久久未见成效，跳离率（bounce rate，访客登录网页内容后短时间内离开的比率）非常高。他懊恼地问道："怎么办才好？"

当笔者尝试浏览该品牌的网上内容时，就发现"大事不妙了"！原来，"元凶"竟是下载网页时间！因为该品牌的内容占用位置过大，不要说手机，连在电脑中的下载过程都异常耗时。本来用以推广的内容，反倒成为品牌的"无形杀手"。

下载速度缓慢，对内容传播的"杀伤力"到底有多大？大部分的读者耐性有限，内容显示速度可说是致胜关键。根据营销顾问 Econsultancy 及美国金融企业第一资本（Capital One）统计所得，下载内容时间每延误 1 秒，足以令转换客户率（conversion rate）下降 7%、内容点击率下降 11%、用户体验满意度下降 16%。甚至令互联网营业额下降整整 1%！由此可见，下载时间长短的威力惊人，实在不容小觑！

那么品牌应如何防止这个"无形杀手"来袭？下面我为各位读者送上内容"速度 4 式"，探讨怎样让读者或用户能以最快速度、最少时间下载内容。

第 1 式："测"

"测"所指的是测试网站速度。网上有不少网站测试工具，测试与分析网站加载速度。以谷歌设立的 PageSpeed Insights 网页检测工具为例，只要用户输入网址，就能够同时检测网站内容在计算机与手机系统中的加载状况，并提供有关程序代码结构、服务器配置（configuration），以至外部资源（包括图片、JavaScript 和 CSS 编码）等多项效能建议，从而获得网页需改善的地方。

除此以外，Pingdom、Which Loads Faster 及 YSlow 等都是受网页开发者欢迎的网页测试工具。因为不同测试工具所测试的效能范畴有别，我建议网站主或内容营销人员同时运用其中数个工具，作为恒常测试方案。

第2式："减"

概括而言，每个网页组件都需经过网络下载过程，用户才可在装置上浏览内容。这些组件可以指网页的程序代码、样式表单（stylesheet）或图片、影片等多媒体内容。要减少下载内容时间，需要从降低下载组件的数量，或简化下载程序着手。以下我会介绍一些减慢下载内容过程的常见组件，我们应该尽量减少这些组件以增加整体网页内容下载速度。

1. 减少插件（plugins）：这里的插件主要指扩充功能插件，最常见的插件有游戏、网页浏览器或媒体播放器的插件。例如，在浏览器中观赏影片时，通常需要另行加载 Flash 及 QuickTime 插件，以支持观看不同格式的影片。然而，应用插件往往需要用户下载额外的 CSS 或 JavaScript 等编程码档案才可浏览内容，有损整体网页效能。编程者最好移除或停用网页中不必要、久未更新的插件,防止它们拖累内容下载速度。

2. 减少重新导入次数（redirects）：当网站有超过一个版本或需要进行更新工程时,就要进行重新导入,让用户登录至最适合的网页版本。例如,当手机用户登录品牌的PC端桌面版网站时,服务器会根据用户的浏览装置,为他从PC端桌面版网页自动导入至手机版网页,以优化浏览体验。过量重新导入,将会减慢内容下载速度,应尽量减少。

3. 减少失效链接（broken links）：失效链接让服务器之间在传输数据时出现错误程序,不但降低整体下载内容速度,也少不了出现"404 Not Found"等令用户极其烦厌的错误信息,大大打击用户体验。网上有不少免费的链接测试工具（link checker）。如有必要,编程者应该为这些失效链接加入重新导入的指令,避免出现以上的尴尬情况。

4. 减少图片：虽然图片是增加视觉效果的重要元素,可是图片过多会降低下载速度。编程者也可以考虑将图片与背景合并的技巧,减少下载项目数量。例如,某网页的背景由一个大型背景图片和很多小型图像组成。一般而言,要达到这个效果,编程中需要记录众多小型图像的大小和位置,所需信息量极多。当用户下载时,浏览器要同时整理大量信息,因而拖慢下载速度。如果用户能够利用"CSS Sprites"等编程方式,将背景和小型图像合并,用户只需下载一个合并图像即可浏览内容,大大降低下载时间。

第3式："压"

"压"是指压缩网上内容文件,以增加内容下载速度。以下将会介绍几项影响下载速度的常见项目以及压缩的方法。

1. 图片：图片可说是占用网络带宽资源最多的内容项目之一，尤其是手机装置的内容加载速度所受影响最大。我们如何同时维持图像质量及其加载速度？网络上有不少重置图片尺寸的工具，例如 Windows Image Resizer 及 Resize.It，可用来减少图片文件的所占容量。然而，用户需要留意重置图片尺寸必须与网页编程中的尺寸比例一致。另外，BMP 与 TIFF 等格式的图片都不适宜重置尺寸。如果读者是 Wordpress 博客用家，也建议采用 WP Smush 插件，自动化重置图片尺寸过程，免去利用额外重置工具的繁复程序。

2. 标签（tags）：对于编程人员而言，都会知道 <html>、<table> 及 <div> 等标签是多么重复累赘。这些卷标往往增加网页程序文件所占传输流量，而减慢加载网页速度。遇上这类情况，用户可以使用 GZip 压缩指令，将整个网页文件压缩变小。

例如，某网页的网页文件容量本来是 100KB。加入 GZip 压缩指令后，该网页档案就会像减肥一样，通过网站主机系统压缩至 50KB，再传送给网页内容浏览者。被压缩的网页档案在浏览者的计算机进行解压缩并读取。经压缩的网页加载速度不但有所提升，更可以节省网站主机流量。根据 Google 资料，GZip 压缩率可高达 70% 至 90%！网站主也可访问 Check GZip 网站（www.checkgzipcompression.com），查看网站是否有进行压缩软件及压缩后的效果。

3. 程序代码：程序代码也可压缩？网页程序代码中往往会出现一些多余的空格键、换行（line break）及缩排（indention），

第二部 做好内容、有效发布
HOW: 深层策略——怎样做得出色?

这些都会降低网站效能。编程者可以将这些数据删除,以加快浏览者下载和剖析网页内容的速度。

第4式:"传"

对于营运电子商贸的网站,每当遇上网购旺季时,就会对网站服务器造成极大压力。加上浏览者来自全球各地,远距离传送网页内容,往往需要经过多个转发主机(其转发次数称为 hop),才能成功从网站主机传递至访客端。

对于浏览量高的网站,可以选用第三方销售商所供应的内容传递网络(content delivery network,CDN)。内容传递网络是利用因特网互相连接的计算机网络系统,将网页内容同时存放于多个地方的快取服务器(cache server),并利用最靠近网页访客的服务器,更快捷地将网页内容传送给使用者,大大缩减网页内容的加载时间。

例如,某网站主机位处香港。当一位来自纽约的访客要登录网站时,网站内容就要经过多个转发主机,横跨太平洋和美国西岸,才可到达访客端。若利用内容传递网络,这位访客可以在多伦多等附近地区的快取服务器收发数据,无须由香港主机直接传递内容。同时,将服务器放置到不同地点,可以减少主机与访客端互连的流量,降低带宽成本。

网络世界争分夺秒,内容显示速度是成败关键!希望"测""减""压""传"等"内容增速4式"能够协助各位品牌主或内容营销人员,将内容更迅速地传送给读者!

精准：A/B 测试推算受众喜好

在互联网普及的情况下，受众每天接触超过 5000 条营销讯息！一个引人入胜的标题、一张令人发笑的图片、内容文章的字体，甚至是一部只有几秒长的"无厘头"影片都可以成为吸引受众的关键。

然而，内容营销人员就算有不少构思，其内容项目却往往也会不合乎受众心意。我即将要介绍的 A/B 测试方法（A/B Testing），让市场营销人员能够推算出受众喜好，制作最受受众欢迎的内容项目！

在设计内容项目时，我们往往具备超过一个以上的构思，诸如社交媒体状态更新的字数长短、字眼选择，使用真人照片还是插画，是否加上网址链接等。作为受众为本的营销方法，这些都是优化受众体验的重要细节，不应轻视。

哪个颜色较受欢迎？

A/B 测试方法像课程的实验一样，市场营销人员一开始先设计两个不同的内容项目方案，例如同一个博客，一个以红色为背景颜色，另一个则以蓝色为背景颜色。通过观察两者点击率等数据的差别，比较哪个方案最受受众欢迎。

这个方法大致可粗略分为以下流程：

1. 确定你想测试的元素以及其原因（例如提升页面浏览时间、分享人数或点击率等）；

2. 思考你想以何种改变元素达到以上目的（例如不同的背景

颜色、标题、图片大小），这个改变元素称为"变量"；

3. 为你原有的内容方案加入一个变量，另保留未加入改变元素的原有内容方案（注意：每次不能加入超过一个变量！）；

4. 同时发布两个内容方案，利用不同的关键表现指标比较两者的受欢迎程度；

5. 得出结果后将表现较好的方案保留。

以发布推特状态更新为例，以下有两则主题相同而字眼有别的状态更新（图 2-12、图 2-13）。

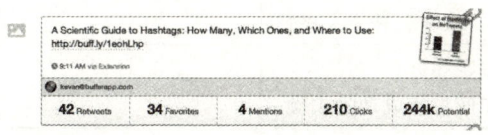

图 2-12　推特状态更新示例一："主题卷标（Hashtag）的科学化指引：使用频率、种类及平台 http://buff.ly/1eohLhp"

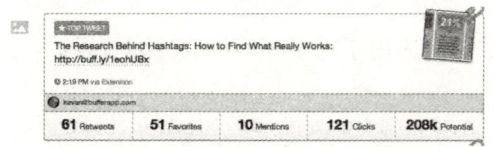

图 2-13　推特状态更新示例二："主题卷标研究：如何寻找成功的关键 http://buff.ly/1eohLhp"

同项相比

以上案例中，变量为不同字眼的标题，其他内容一样；关键表现指标为转发（retweet）、喜欢（favorites）和提及（mentions）的次数。通过同时发布这两个内容方案并作出比较，可见示例二的关键表现指标比示例一优胜，并启发下一次更新状态的字汇选择，详情请参考表2-1。

表2-1 上述推特A/B测试的结果

方案 http://buff.ly/1eohLhp	关键内容指标		
	转发次数	喜欢次数	提及次数
主题卷标： 科学化指引：频率、种类及平台	42	34	4
主题卷标： 大研究：如何寻找成功的关键	61	51	10

A/B测试工具介绍

A/B测试方法广受市场营销人员所使用。除了社交媒体外，A/B测试方法更可应用于电子邮箱推销及网页设计。这些测试项目并不能够以社交媒体转发及点赞的数量作为指标。

我们仍然需要依赖一些传统的关键表现指标作出比较，但是当中过程需要更专业的计算机技术。以下将会介绍几个简化易用的A/B测试程序工具供各位读者参考（图2-14）：

1. MailChimp是一个免费电子邮件发送工具。它针对电邮主旨、发送时间与寄件人进行A/B测试，也能够立即提供成效报表，清晰呈现分析结果。

2. Optimizely 是一个操作简易的网页优化平台。用户可以用这个平台进行 A/B 测试。除了可以任意改变网页的元素外，更可以轻松设定测试目标、分配流量与追踪成效。

3. Unbounce 是一个网上自助营销工具。用户无须特定的计算机知识，也可以自行建立、发布 A/B 测试页面。同时，它具有修改服务器，直接传送数据到指定的网址等功能。

图 2-14 （从左到右）MailChimp、Optimizely 及 Unbounce 商标

总结而言，A/B 测试网页能够通过对比不同版本的内容项目，推测出较受受众欢迎的元素，进而优化内容营销。各位读者可参考以上的例子及 A/B 测试的网上工具，相信能带给你意想不到的结果！

原生广告：这样做便成功

"原生广告"（Native Advertising）策略可取吗？

近年除了"内容营销"外，"原生广告"也是营销业界经常使用的品牌推广策略。然而，这两种营销策略却常被混淆，甚至被误解成相同的策略。两者到底存在什么异同呢？

首先让大家了解一下何谓"原生广告"？广告一词相信不用解释了，可是广告如何"原生"（native）？从字面而言，"原生"有"与生俱来""本土"等意思。"原生广告"指设置于媒体中的广告内容，它有别于一般显眼的横幅式广告（banner ad），这些广告内容在形式上跟随媒体的风格，已融入、"伪装"成媒介的一部分，就如媒体本身内容似的"本土人"。因此，读者大多会自然而然阅读下去，通常不会立即发觉自己所看的其实是一则广告。因此，"原生广告"，其实就是形似内容中的广告而已。

"原生广告"于2014年2月在美国举行的互动广告论坛中被正式讨论后成为大热；但它不是一种广告形式，而是一个营销理念。其倡导者（也是一位投资人）Fred Wilson的解释如下："原生广告是一种从网站和APP用户体验出发的盈利模式，由广告内容所驱动，并整合了网站和APP本身的可视化设计。"简言之，原生广告是"设计特制的一种媒介形式，让广告成为内容的一部分。"[27]

原生广告的特点[28]

1. 视觉整合（Visually Integrated）：将广告建筑在用户体验之中；
2. 用户主导（Choice）：广告不打断用户体验、不产生干扰；
3. 内容为王（Content）：品牌应要推送对用户有实际价值的

---

[27] http://wiki.mbalib.com/zh-tw/%E5%8E%9F%E7%94%9F%E5%B9%BF%E5%91%8A
[28] http://wiki.mbalib.com/zh-tw/%E5%8E%9F%E7%94%9F%E5%B9%BF%E5%91%8A

内容。

换句话说，原生广告其实与内容相辅相成，彼此共生。

原生广告 vs 内容营销

让我们先回顾内容营销的定义。根据美国内容营销协会的说法，内容营销是一种策略性营销方式，专注于创造及分配内容，以持续吸引观众，最终导致顾客进行有利可图的消费行为。

随着网络上的广告拦截软件（AdBlocker）功能不断强大，不少传统网页广告都被阻挡，而"原生广告"却因为被辨识为内容一部分，而避免了被拦截的命运。这也解释了"原生广告"近年受营销业界欢迎的原因，不少应用"原生广告"的社交媒介如脸书、Instagram，皆受惠于此。

虽然内容营销与"原生广告"惺惺相惜，但亦有以下可比较差异之处：

1. 资源投放。大部分品牌会向指定媒体付费，从而让"原生广告"能够在媒体中，获得更多曝光机会；内容营销有赖于品牌投放资源制作内容项目。由此可见，前者侧重点是"媒体购买"（media buying，广告选择投放媒体的环节），能较精准地传播至目标受众群；后者侧重点是内容制作环节。

2. 内容形式。内容营销容许品牌选择受欢迎的形式制作内容，形式上相对自由。而"原生广告"需要顾及所投放媒体的整体内容风格，其呈现形式有限，有时更会加上"赞助内容""信息由客户提供"等字眼。

3. 用户体验。纵然"原生广告"的形式被限制，但是"原生广告"却能因此避免对用户造成干扰，反而能够优化读者或用户的体验。

广告"不动声色地"找读者

"原生广告"如何被实际应用？以财经杂志《福布斯》（Forbes）为例，他们开设"品牌之声"（BrandVoice）专栏。这个专栏初看与其他专栏分别不大，可是仔细一看，这个专栏作家原来是品牌商利用《福布斯》的栏目撰写推广文章，宣传品牌旗下的产品，这类"原生广告"手法可以说是非常普遍。

脸书平台上最为人熟悉的"原生广告"分别有赞助广告及赞助故事（sponsored stories，或称"动态赞助"）。赞助广告为品牌付费展示与品牌相关的内容，"伪装"成一般帖文呈现给用户。赞助故事就是进阶版的赞助广告，旨在通过联系品牌与用户"朋友"的过往以及品牌相关的动态，以算法决定产出的"原生广告"。

例如，你有一位脸书平台的朋友曾在 A 餐厅签到（打卡），这个 A 餐厅的签到记录帖文就会呈现在你的脸书主页中，而这项动态更新就是 A 餐厅的"原生广告"。当然，帖文中也会出现"赞助广告"等字眼。除签到外，点赞、转发、留言等行为，都会成为建立赞助故事的"借口"。配合脸书本身丰富的用户数据（如性别、年龄、居住地等），品牌就能精准地向目标受众展示"原生广告"。

标签摇身一变成广告

另一个例子就是卷标功能。卷标功能本来是用以将同卷标的

第二部 做好内容、有效发布
HOW：深层策略——怎样做得出色？

主题串联起来、让用户查看特定主题的发文内容，甚至因此找到喜爱相同议题的志同道合者，谁知这个功能也可以成为"原生广告"的内容营销机会！

2016年年初，在香港非常受年轻人欢迎的网络媒体"毛记电视"举办"毛记电视第一届10大劲歌金曲分奖典礼"活动。当中，他们以标签"#多谢Shell"，为活动赞助商壳牌（Shell）推广宣传。"#多谢Shell"从此充斥着香港市民社交网络的每个角落。

阅读至此，读者或许会疑问，到底"原生广告"与内容营销之间是否有抵触？如上所述，两者的侧重点各有不同，也没有策略上的冲突。内容营销人员可以利用"原生广告"，为内容营销推广提供更多目标受众。希望以上所述能解答读者对"原生广告"的疑问。本书第三部分"媒体与自媒体篇"列举VICE原生广告的案例，请参阅案例29及30。

"原生广告"的营销象限图

象限图备受学术界欢迎，也在不少商业理论书籍中频繁出现，把理论框架及其分析图表化出来，著名的SWOT分析模型就是一例。"内容营销象限图"也是其中的一员，将不同性质营销策略、内容种类和读者受众群等元素集于一图，解释不同策略能够发挥的功能，辅助品牌或内容营销人员实行各项更精准的营销决策！

内容营销象限图（content marketing quadrants，图2-15）由美国营销专家Andrew Davies提出。图中内容项目不同位置，代表它们背后的市场定位。有了这个图表，市场营销人员可按图索骥，知道自己所做的计划所在何处，及可如何"上、下、左、右"进行策略性发展。可见，不论内容营销还是原生广告策略，两者均具战略价值。品牌可先考虑自身营销定位，再选择合适策略。

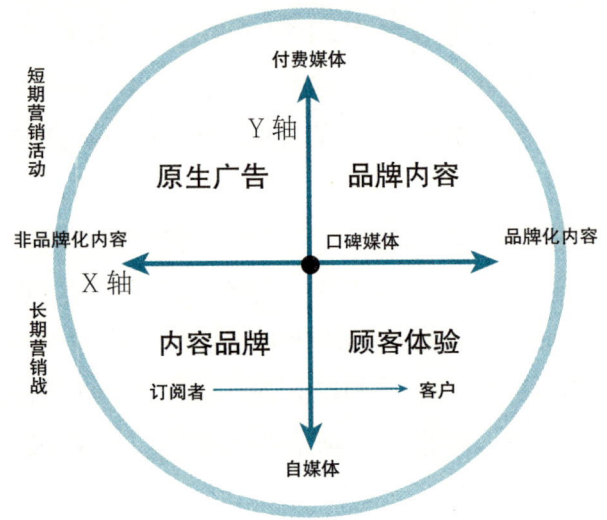

图 2-15　原生广告、品牌、内容营销与顾客体验象限图

付费、口碑、自媒体

我们先从当中的 X、Y 轴说起。在图 2-15 中，Y 轴（纵轴）显示不同种类的媒介，最上方为付费媒体（paid media），指向媒体付费，获得讯息传递的时间或空间，主要用以增加品牌知名度，如电视、电台广告及网络横幅广告等；最下方为自有媒体，也称"自媒体"（owned media），品牌主自行拥有的媒体，包括免费及付费媒体，主要用以吸引对品牌有相当认知的读者，购

第二部 做好内容、有效发布
HOW：深层策略——怎样做得出色？

买更多品牌产品及服务，例如品牌官方网页、facebook专页等；中间是口碑媒体（earned media），由其他媒体或社交媒体用户互动时自行产出的口碑内容、评价等。位于上半部分的内容项目成本耗资庞大，多为短期营销活动（campaigns），在各大媒体昙花一现式曝光；位于下半部分的内容项目成本较低，多为长期营销战（commitments），内容营销人员定期发布内容项目。

X轴（横轴）则显示不同推销程度的内容。左方为非品牌化内容（unbranded）。当然这并非指内容绝对与品牌无关，而是这些内容注重软销，读者往往难以从内容察觉品牌的痕迹，例如一些由品牌营运的网上数据库。非品牌化内容主要通过具教育功能的信息令读者产生兴趣，并订阅（subscribe）内容；右方则为品牌化内容（branded）。有别于非品牌化内容，这些内容无惧硬销，专门为品牌现有客户而设。例如部分品牌会专门开发一些客户专用的应用程序，希望以内容维持客户对品牌的关注。

不同象限，各有特色

了解图2-15上各个标识位置的意义后，不同象限到底适合哪种营销策略呢？我们先按逆时针方向，从右上方的象限（也称第一象限）说起。

第一象限为品牌内容（branded content），主要利用震撼的内容吸引注意力。例如沃尔沃汽车（Volvo）在2013年年底拍摄的货车《英雄跨腿》（*Volvo Trucks – The Epic Split*）广告影片，好莱坞影星JC Van Damme双手交叉胸前，气定神闲地站在两辆并排而行的Volvo卡车之间。镜头越拉越阔，两辆大卡车的距离也越行驶越分开，约有两三米的距离；Van Damme 双腿亦随之分开，最后成为一字马；整个过程中两车始终并排前行，而 Van Damme 成为两车间的人肉桥梁，但仍显得若无其事。《英雄跨腿》获得逾千万点击率和极多转发量，验证沃尔沃营销策略成功。

左上方的第二象限主要利用付费媒体，吸引读者的注意，适合的策略就有原生广告。

左下方的第三象限是内容品牌。内容营销人员往往通过自有媒体，长时间且定期制作内容，内容几近成为另一个品牌，不但是品牌的专有媒体，更是品牌主所属行业的权威信息提供者，造就内容品牌（content brands）的诞生！例如，2013 年美国时装品牌 Net-A-Porter 出版网上杂志 *The Edit*，为消费者提供有趣人物专访、时装行业新闻及影片等信息，为 Net-A-Porter 带来每月 600 万点击率。其后，Net-A-Porter 品牌更增版收费 Porter 时装杂志。发展至今 Porter 月销量达 15 万，从此培养了大量内容订阅者！

右下方的第四象限则将重点由内容订阅者转移至品牌客户，强调通过内容改善客户体验（customer experiences），维持或增强客户对品牌的关注。例如，由体育品牌 Nike 开发的导航应用程序 Nike+，就吸引了大批跑手使用，记录跑步过程和速度等数据。

总结以上所述，无论采用传统广告、原生广告、内容营销或顾客体验，身为营销策划者，总可根据不同成本条件及品牌目标选择适当的策略。图 2-15 包含 4 大元素，在强与弱品牌显性及数种媒体类型间任君选择！

How
如何发布内容？

"聪明内容"——让内容更具价值

"内容营销"，不用说最重要的是内容。可是内容多如天上繁星，何者恰当？何者可达到营销效果？大家都了解到用以营销的内容必须谨慎选择，绝不能一味硬销；现在再进一步探讨，介绍什么是"聪明内容"（Intelligent Content），谈谈市场营销人员应如何以"聪明"的内容，配合网上营销。

由于内容繁多，受众不时感到一些内容冗长的宣传令人生厌。欲避免同样问题发生，关键在内容的选材要适合受众，而"聪明内容"就是针对这个问题应运而生，并设法为传播者增值。

"聪明内容"是什么？

"聪明内容"并非针对如何撰写文章或选择图片，而是如何创造、管理及传播一些内容的优化策略。传播者往往需要大量金钱和时间去为某个媒体创造一些独特的内容，但当面对另一媒体时，又要为不同的对象重新再造内容。这种方法实在费时费事。我们需要更聪明地以更少的费用、时间，创造可以跨越多个媒体传播，而且效果更长久的内容。

"聪明内容"是一个相对新鲜的概念，2008年起，美国开始举办聪明内容会议（Intelligent Content Conference, ICC）。其创办人是 Managing Enterprise Content（《企业管理内容》）一书的作者 Ann Rockley，他把"聪明内容"定义为："结构丰富，能有意义地归类的内容，自动具可搜索性、可重用性、可重配置性及可修改性等特质。"（Structurally rich and semantically categorized, and therefore automatically discoverable, reusable, reconfigurable and adaptable.）这一定义获美国内容营销学会的认同及推广。

结构丰富，易于多处重用

何谓"结构丰富"？"结构丰富"或称"有组织性"，是指内容包含多个部分，清晰整合多个信息元素，方便受众接收讯息。例如，在一个人物介绍的文章中，能划分出人物姓名、所属机构和职位、经验、兴趣和义务工作、相片和影片等不同部分。相比而言，新闻报告、记叙文的结构性便较诗歌或闲聊作品为强；而内容结构层次愈多，愈容易被受众消化。

值得注意的是，结构丰富的重点并不只在于设定格式，而是在于创作者如何令结构更有效表达内容。因此，内容在不同媒介再次分享时，都不会受到格式限制。以网页为例，使用手机收看桌面版的网页内容时，一般的网页内容往往因为格式问题而"走样"。相反，结构清晰的"聪明内容"，就算在不同接口，也能够让系统准确分析和重新整合编排成易于阅读的内容。这就是它

"易于重用、易于重新配置及易于修改"的特质。

"结构丰富"的内容优势包括:

1. 能更灵活地处理内容;

2. 能配置到不同的接口;

3. 较易创造、管理与传送,故此减轻成本;

4. 方便重用数据;

5. 既有一定的格式可跟随,又易于创造内容(例如新闻写作的"六何法");

6. 方便计算机自动化处理;

7. 让读者易于明白及理解内容。

元数据与有意义地归类

"有意义地归类"指内容要与元数据(metadata)挂钩。元数据又称"后设资料""中介资料""数据报"等。它指的是机器(电脑)易于辨认的,用以描述信息内容的相关字符,如姓名、著作权、所有权、流通限制等。由于电脑懂得辨认和阅读这些字符,对自动化处理便有很大帮助。

元数据包括利用关键词把内容卷标(tag),也是我们平日所提及的"标签"(label)。例如,一篇讲述XYZ公司股票的博客文章,会附带"财经""XYZ公司""股票分析"等关键词的卷标。被标签后,对XYZ公司有兴趣的受众只要输入关键词,就可以便捷地搜寻到这篇文章。在内容管理的层面来说,内容卷标能有效接触到目标受众;对受众而言,内容标签化易于寻获指定信息,并令信息更加个性化。

元数据包括描述性（descriptive）及结构性（component）两种。前者就是标签；后者再分为重用性元数据（如产品名称、编号等）及状态性元数据（如草稿、原文、核实版等）。

"聪明内容"省时省力

如上所述，"聪明内容"的重点在于结构和卷标化。在这两个基础上，内容被搜索的机会和可读性被提高，并更容易被整合、分享。在降低内容传播时间和成本的情况下，同时增强传播力度。

现在有不少出版和媒体机构，都广泛应用了"聪明内容"策略，由单一的传统媒介转向跨渠道的内容营销，对于一些针对个别市场的机构如化验所和银行，也可以通过"聪明内容"，将涉及专业知识范畴的内容更准确推广给目标受众，优化他们的服务体验。

具备4大特征，才算"聪明内容"

"聪明内容"乃创造、管理及传播内容时的优化策略。策略为我们以更聪明的方法，更少的费用、时间，创造可以跨越多个媒体传播，而且效果更长久的内容。

要令内容"聪明"，就要留意它是否具备以下4大特征：可搜寻性（discoverability）；可重用性（reusability）；可重配置性（reconfigurability）；可适应性（adaptability）。

以下分别解构及探索这4大特征。

特征1：内容可搜寻性

内容可搜寻性是指通过网络寻找内容的容易程度。内容的可搜寻性越高，你就能越容易在网络搜寻到该项内容，反之亦然。试想象你制作了一个世上最棒的音乐网站，它有交互式的接口，各式各样媒体和实用数据、一系列完整的曲谱等。于是，你便以为可以一劳永逸，坐下来等音乐迷涌入你的网站？

当你尝试通过网络搜寻自己的网站时，得到上万个搜寻结果，但你的网站却不在列表的前20名，甚至连前100名也排不进去，这将会是一件何等痛苦的事情！为什么例子中的网站的可搜寻性这么低？关键在于计算机能否辨认内容的数据。要让计算机准确辨认内容，向有需求的搜寻者提供适当的内容，这就涉及我们提及过的元数据。元数据为内容加上关键词的卷标，能让电脑容易辨识。

内容元数据关键词卷标及标签越多，网络搜寻的排名就会越高（还须有其他配合），或者在更多相关关键词搜寻中出现。内容被搜寻的可能性提高，就会缩短搜寻时间，并优化搜寻体验。

特征2：内容可重用性

内容可重用性是指，同一个内容项目在不同地方刊登或被转载。前文提及"结构丰富"的内容，包含多个部分，清晰整合多个信息元素。只要内容结构丰富，就能被系统准确分析当中的信息，将适当的内容部分转载到其他平台。

例如一个电影数据库网站，为不同电影开设个别网站分页，当中包含电影的名字、导演姓名、电影类型、发布日期和制片商等数据。这些内容都被分拆为不同的信息项目类型，并汇入系统的元数据当中。

假如网站想为 A 导演开设个别网站分页，并列出他曾参与过的电影，系统只需寻找含有 A 导演信息项目的电影分页，就自动分析出 A 导演的参与电影列表。由此途径，无论是针对电影类型、制片商或制作年代等分页，系统都能够通过分析信息项目类型，将内容重用转载。

内容项目分拆为不同的信息项目类型越多，内容重用性就越高，可以便于将内容归类、重用转载。就以上例子而言，由于系统能自动化重用内容，大大减少内容提供商编辑内容的时间和转载的准确性。当要更新项目时，只要修改源头内容项目，就可被系统同时更新所有被转载的内容项目，内容管理就变得更加方便。

特征 3：内容可重配置性

内容可重配置性与内容重用性相似，通过将不同内容项目模式化（modularity），系统可以根据这个标准，将多个内容项目重新配置和排序。例如，我们平日浏览的新闻网站都会将不同新闻分为政治、财经、娱乐、休闲等版面。由于这些新闻都被记录了日期，只要在政治版面中，将新闻按日期排序，就可以寻找出相应的政治新闻。在这个过程中，版面和日期都是内容项目的模版。内容营销人员可以为一组内容项目加入不同模式（moduls），方便受众寻找他们需要的内容。

重配置性的另一层面，是指可在不同的媒体平台，如平板计算机、手机系统及桌面电脑、网络社交媒体等，以良好的接口观看同样的内容，自动跨平台的展示，方便内容有效地传播。

特征 4：内容可适应性

内容可适应性是指内容项目根据不同受众、接收平台、地点、时间等因素自动作出修改，优化受众收看内容的体验。以网络搜索为例，假如一个摇滚乐迷在网上搜索"音乐会影片"，由于他有不少摇滚音乐网站的浏览记录，系统的搜索结果就会有很多热情奔放的摇滚音乐会影片；相反，假如一位古典音乐迷同样搜索"音乐会影片"几个字，系统的搜索结果就可能会显示出严肃的古典音乐会影片。

同一个搜寻关键词，系统自动根据受众的特性，分析出截然不同的搜寻结果内容，将内容体验个性化，体现出内容可修改性的威力！

"聪明内容"：传播者和受众均受益

总结以上所述，在元数据和结构化的基础之上，"聪明内容"将可被电脑系统自动分析。对内容提供商（传播者）而言，"聪明内容"编辑和质量管理的成本可以就此降低；对受众来说，"聪明内容"降低了搜索内容项目的时间，令他们接受内容项目体验变得更加个性化，更增加内容的可控性。

"聪明内容"让内容的可能性发挥到极致，无论是受众还是内容的提供者均能受益。要达成"聪明内容"，需要有软件辅助，在编写程序时也需要一些标准化的写法，有关技术部分，本书先略去此部分，有兴趣的读者可请教一些信息科技专家。

搜索引擎改变了移动内容生态

在街上、公共交通或餐厅等不同场所，往往见到有人在"埋头苦干"，不停地滑动手机屏幕浏览信息。随着移动装置的普及，浏览网页的媒介也慢慢由桌面电脑，转移至手机或平板电脑等流动性高的电子产品。

在 2016 年的 4 月下旬，全球最受欢迎的搜索引擎谷歌宣布更新搜索结果排名的方法，令移动端页面上得出的网站搜索结果，与桌面版页面的搜索结果脱钩。对于一些不支持移动端页面，或不符合移动装置浏览的网站，其在谷歌的移动端页面的搜索结果排名就会大幅下跌，甚至从搜索结果中直接消失。新闻网站、博客，乃至企业网站，无一不受到影响。有网民更是将这次更新，称为"移动浩劫"（Mobilegeddon，"移动"译自 Mobile；"浩劫"译自 Armageddon）。

谷歌通过优先显示有提供移动端网页的网站给移动装置的搜索用户（Mobile-friendly），优化用户体验，配合移动装置普及化的潮流。应对这个媒介的转变，网站内容怎样才能吸引更多流动受众？下面我将会从内容营销角度，为各位读者介绍针对移动端网页的创建内容策略！

荧幕大小影响受众注意力

受众使用计算机与手机阅读显然而见的分别，莫过于其观看的荧幕大小。这个分别除了在视觉上影响了受众能够接收的篇幅外，同时改变着受众阅读内容的位置偏好。

2005年,美国搜索引擎营销公司Enquiro、Did-it.com以及专门研究人类眼球运动的企业Eyetools,联合完成受众对搜索结果网页注意力的研究。这项研究通过对受众观察谷歌搜索结果页面时的眼球运动,得出其对搜索结果页面不同位置的关注程度。调查结果发现:受众对于搜索结果页面左上方的关注范围呈现三角形状,也被业界称为"金三角"(golden triangle)现象。

2006年4月,长期研究网站可用性的网站设计师Jakob Nielsen发表了一项《眼球轨迹的研究》(*F-Shaped Pattern For Reading Web Content*)报告,在"金三角"的基础上再建立"F形状"现象。

以上两项研究均显示,受众用计算机浏览页面的时候,他们浏览页面方向是由左至右,或由顶端往下。相对而言,受众利用移动端浏览网页的关注行为则有很大分别。

2014年,美国流动营销网站Briggsby也通过移动端网页,进行类似的受众眼球运动调查。调查发现:受众平均花68%的时间阅读荧幕的上半部分及中间部分,并使用86%的时间阅读荧幕上端2/3部分。相对计算机端的页面,受众较留意移动端网页的中心内容部分。读者可以根据以上的结果,在编辑内容项目排版时多加留意受众会关注的网页位置。

从受众角度出发在文字内容下功夫

如上所述,移动端页面的篇幅有限。要让内容项目能够在弹指之间吸引受众,就需要在文字上下功夫,当中包括强而有力的标题、导言和段落等。在编制内容时,从受众的角度出发,尽量在最少的字数中，引起他们最大的兴趣。

值得留意的是，图像在视觉上无疑比文字更抢眼，往往给人感觉减少文字内容能够吸引受众；但从营销角度，恰好相反。因此，编排内容项目在页面的位置时，需要在图像与文字两者间取得平衡，甚至应该更重后者。当需要在两者之间作出取舍时，可以尝试减少图像内容以腾出宝贵的页面空间保留文字内容，发挥最大的营销效果。

总括而言，针对移动端网页的创建内容策略除了要有优秀的内容，更需要细致编辑各个内容项目在页面上的位置，增加受众对其关注程度。在创建移动端页面时，各位读者不妨参考以上提议，吸引更多流动受众！

让内容占据最佳搜索排名位置

虽然内容营销强调与消费者之间的关系，可是还要特别留意一个重要的参与对象——搜索引擎。它们不间断地通过分析内容不同特点，判断其搜索页面排名，发挥着举足轻重的传播作用。

本文介绍 4 个链接内容技巧，让网络内容更易被搜索！

"引用""提及"增流量

简单而言，"共同引用"（co-citation）和"共同提及"（co-occurrence）是两个重要的搜索引擎概念。

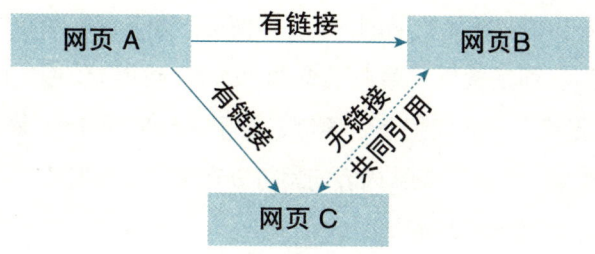

图 2-16 网页间相互引用的关系 [29]

"共同引用"指网页通过间接链接而产生的联系。例如,图 2-16 中网页 A 上同时具有网页 B 和 C 的超链接,而 B 和 C 却没有网址链接对方网页。然而,通过 A 链接了 B 和 C,搜索引擎就会分析,B 和 C 被 A 共同引用,而定性 B 和 C 的联系。网页被间接引用的次数越频繁,其可信度亦随之增加,搜索排名因此被提高。情况犹如学术论文,当一篇论文引述其他论文的数量增加时,表示该文章论据便会更加充足。

"共同提及"指不同关键词词组在同一网页被提及。例如,"A 控股企业"作为"A 工程公司"的母公司,经常被新闻或社交媒体一同提及。搜索引擎就会根据两者被共同提及的频密程度,分析两者之间具有一定关联。在互联网搜索"A 控股企业"的资料时,搜索结果就会显示同时提及"A 控股企业"和"A 工程公司"字眼的页面。

以专门报道苹果公司品牌新闻的 Apple Insider 为例,因为

---

[29] 图片来源:https://blog.kissmetrics.com/wp-content/uploads/2014/05/no-co-citation-example-2.png

他们有不少提及苹果产品的内容。即使用户并非直接搜寻"Apple Insider",而是搜寻"苹果"或"iPhone"等零碎的字词,搜索引擎亦会基于"共同提及"原因,给予 Apple Insider 较高的搜寻排名位置。由此可见,内容网站可以利用"共同提及"的优势,增加在搜索页面的曝光率。

严选"链接文本"用词免受罚

链接文本(anchor text)指带有超链接的文字。例如,A 网站的内容提及"这是香港历史最悠久的贸易公司——鸭都拉利(Abdoolally Ebrahim)",并为该公司加上了网站超链接(www.abdoolally.com),直接引导用户浏览。营销业界经常以关键词作为链接文本,增加客户网站浏览量,并提高被搜索的概率。

可是,谷歌近期大力打击这种以链接文本技术,增加浏览量联结的手法。承上例子,"Abdoolally"同时在链接文本、网址链接及链接网站内容中。因为"Abdolally"出现次数过分频繁,搜索引擎会由此判断 A 网站滥用关键词,而利用降低搜索排名等手段"惩罚"A 网站。故此,内容网站在设定链接文本时,应避免应用同一关键词,可以多利用句子及同义词,避免以上尴尬情况。

从内部链接搜索"迷失"的分页

内部链接(internal links)指,在同一个网站内,不同分页会各自负载其他分页网址,相互联系对方。区别于一般网站建立的内部链接菜单或网站地图,内部链接并非网站结构的一部分,而是利用上述链接文本，让用户链接其他分页，建构成一个紧密的内部联系网络。例如不少网站会以多层分页方式刊登一个图片故事，依赖内部链接引导读者按次序浏览图片。

除了增加用户停留网站的时间，内部链接也能增加其他分页的点击率。另外，搜索引擎也能够通过内部链接，分析未被排名的网站分页，加入搜索结果中，增加内容网站整体被搜索的概率。

内容难易程度也可量化！

可读性（readability）是判断读者理解内容的难易程度指标。读者可能会问：文章难易怎样被量化？20世纪70年代，美国科学家 J. Peter Kincaid 建立 Flesch‑Kincaid 可读性测试（Flesch‑Kincaid Readability Tests），利用内容的字数、行数及音节数（拉丁语系一个字有多音节）等因素计算内容难易程度。其公式如下：

206835 − 1.015（总字数 / 总句数）− 84.6（总音节 / 总字数）[30]

字句愈短，文章愈精炼，可读性就愈高，反之亦然。内容可读性得分介乎 0 ~ 100 之间，0 ~ 30 分者为大学程度；30 ~ 50 分为中学程度；高于 50 分则被定义为中、小学级别。

这个方法最早被美国海军、政府部门和学术界广泛采用，也是不少搜索引擎判断网站搜索排名算法中所占权重极高的因素之一。浅白的内容不但有利读者理解，同时也有利搜索引擎进行分析，从而获得更高的搜索排名。

---

[30] https://en.wikipedia.org/wiki/Flesch%E2%80%93Kincaid_readability_tests

不少网站或办公室软件包括OfficeWord及Google Docs都有连载可读性测试工具，内容营销人员可以轻易改善内容难易程度，改善网站搜索排名。然而，可惜的是可读性测试只限于英语内容，其指针分数也针对以英文作为母语的美国人厘定，暂时仍未有判断中文文章难易程度的客观标准。

内容发布"6部曲"策略

就如直销邮件须选中正确地址一样，没有合适的发布渠道，再精彩的内容，也是错配对象，徒劳无功。怎样令内容吸引到合适的受众？现在为各位读者送上内容"6步曲"，探讨如何将资源发布到恰当的平台，拓宽受众接触面。

第1部曲：分析情况

决定内容渠道前，内容营销人员要对现有的内容资源进行初步评估，以下为建议的考虑因素：

1. 品牌主拥有什么发布渠道？

例如：主网站、微信公众号、订阅号、新浪微博、脸书专页、报章专栏等。

2. 是否更新内容发布渠道，以改善发布效率？

例如：为品牌多增设一个微信专页，添加多个微信群……以增加受众接触面。

3. 是否需要终止某些效率低的发布渠道，把资源集中到受欢迎的平台上？

4. 注意内容项目发布次序，是否能达到"一浪接一浪"的效果？

第 2 部曲：协作发布渠道的用途

不同发布渠道均有独特的属性和功能，而良好的内容策略不能依靠单一或过多的发布渠道。各渠道间不应是相互竞争受众的"零和游戏"，应通过建立协作关系，发挥最大效益。例如：一个新生品牌希望以博客建立口碑，但是博客的浏览量却较低。内容营销人员可多设立一个微信公众号、订阅号，定期上传博客更新，通过社交媒体获取额外的博客点击率。

第 3 部曲：规划发布渠道

不同渠道各有分工，在明确各渠道担任的角色后，就要进行整合。继续上面新生品牌希望以博客建立口碑的例子，微信公众号、订阅号成立目的是为增加接触面。除了上传内容更新外，更可通过微信群加强与顾客之间的联系。例如，可以举办有奖游戏，要求受众回答问题，等等。

另外，受众浏览习惯也是值得关注的环节。例如数据显示，受众多为流动用户。品牌主就要考虑是否为流动用户提供"缩略版本"及可视化内容，让读者易于在流动平台上消化内容，优化浏览体验。

第 4 部曲：设定传播目标

顾名思义，即为内容渠道制定各项关键表现指标。例如：微信公众号需要在营运的首 3 个月内，吸引 10000 名粉丝。

第 5 部曲：内容分布与受众同步

营销切忌失去焦点，任何单一内容项目或渠道，都不能同时满足所有受众的需求。就算品牌在某一个内容渠道较受欢迎，内容也需进行一定分层以锁定不同受众群组。

以科技品牌 Dell 为例，他们在推特上，就分别设立了针对顾客服务（@Dellcares）、优惠信息（@DellOutlet）、B2B 营销（@DellEnterprise）及软件信息（@DellSoftware）等多个账户，各自提供截然不同的信息，分工非常明确，可见品牌主不能依赖单一渠道进行内容营销。

第 6 部曲：制定发布方案

最后我们就需要制定发布方案，与内容编辑紧密合作。以下为标准的内容编辑计划例子：

发布频率（velocity）：每日发布 3 项内容。

内容语调（tone）：友善、欢乐、尽量以口语编写。

预期反应（desired action）：受众浏览内容后，会点击链接到品牌主的博客。

内容格式（structure）：字数，每项内容长度限制在 200 字内完成，叙述故事者可增长至 1500 字；链接，缩短版的网址链接；图片，每篇最少 2～5 幅图。

"社交媒体 4-1-1" 模式

除上述内容发布的"6 部曲"之外，品牌也需要有内容分配比例的概念。"社交媒体 4-1-1"是一个内容发布模型，是营销企业 Tippingpoint Labs 创办人 Andrew Davies 提出的倡议。这个模型以每 6 项内容为一个组合，并按"4-1-1"比例分布：6 项当中有 4 项（即 67%）内容，转发自目标受众群体中受欢迎的用户，从而获得目标受众群体的关注；当中必须有一项品牌主原创并富教育性的内容；最后一项则为与品牌产品有关的优惠信息，将受众转化为开发客户。

当然，"4-1-1"并非一个必然比例，营销界也有其他如"5-3-2""30-60-10""5-5-5"等内容分布比例的讨论。简单而言，品牌根据自身的资源和受众阅读习惯，决定合适内容比例，在此不赘述。

营销并无绝对准则，须通过不断尝试及验证，找出最适合的策略。希望"6 部曲"能协助你的品牌建立完善的内容发布渠道框架！

How
如何评核内容?

内容策略大战！CTR vs RTR

在内容爆炸的时代，受众每分每秒都接触着海量的信息。长久以来，不少内容创作者和编辑费尽心思，力求写出最引人入胜的标题，期望能增加内容项目受关注的概率。

这一议题，互联网上最近引起热论：继续坚持以醒目标题争夺眼球，还是集中精力以优质内容，吸引受众停留在同一页面，让他们完整消化全篇文章？到底这两项策略孰优孰劣？

标题党肆虐，语不惊人誓不休！

写句吸睛的标题，可说是最传统的营销策略之一。随着近年脸书和微信等社交媒体平台日趋成熟和内容市场规模扩大，业界对标题策略重视日益增加。衡量标题策略的有效程度，以"点击率"（click-through rate，CTR）为最常见的关键表现指标。这个指标包含了两个主要元素，包括：显示频率（impression）及点击次数（click）。显示频率的意思是内容项目出现在受众面前的次数，而点击次数指读者在阅读时有没有进一步点击某部分内容或一些链接。点击率指点击次数与内容项目显示次数的比例，若到访含有内容项目 A 的页面有 3 人，而其中一人不但阅读，还点击 A 链接，其点击率就是 33%（3 次访问，有一次点击）。

在互联网技术不断改进下，如今市场营销人员可以追踪、分析受众对标题的反应，致力提高内容项目的点击率。可是，部分内容营销人员为了达到目的，不惜成为夸张失实、哗众取宠的"标题党"，可说是语不惊人誓不休，不论业界或互联网受众都对这种过分浮夸的风气感到厌倦。

完整消化内容才算客观！

美国内容营销公司 Pixable 首席执行官 Andy Volanakis 在科技网 TechCrunch 指出，虽然标题对点击率有很大影响，但点击率只是内容与受众接触的起点。若标题夸张吸引人，内容却枯燥乏味，再高的点击率也是徒劳。Volanakis 认为标题与内容需要不同指标，才能得出整体成效相对客观的描述。由此，他提出了另一关键表现指标"通读率"（read-through rate，RTR）。通读率是一个针对内容吸引力的指标，指读者阅读点击页面后，完整阅读所有内容的比率。

根据网站使用分析公司 Chartbeat 的统计，内容的平均通读率为 22%；换句话说，78% 的内容根本无人去读！Pixable 公司的内容通读率则高达 60% ~ 70%。Volanakis 指出要提高内容通读率，离不开以下 3 大基本原则：第一，了解受众口味；第二，精湛的说故事技巧（storytelling）；第三，通过技术和数据，将故事与受众匹配起来。

计算浏览时间，脸书改变内容生态！

2016年6月，脸书公布了一项研究结果，他们发现点赞或分享次数，与读者对内容的喜好程度未必成正比关系。用户在浏览喜爱的内容时，尽管他们并没有点赞或分享，但其浏览的时间却比一般长得多。由此，脸书决定量度用户浏览时间作为内容喜爱程度的指标，并以此决定该条目的排列次序，而非以"点赞"多少次作准。

通过停留内容时间推算内容对受众的价值，正是运用通读率的概念。相信脸书的这一做法将会大大改变内容营销界的生态，使一些内容营销人员不再为了增加点击率，而作出夸张失实的标题。

内容价值才是王者

假如市场营销人员只是盲目追求点击次数，就会走进舍本逐末的死胡同。回归内容营销的基本点，其所讲求的并不是硬销，而是基于内容本身的价值——由选材、审题、撰写、直到编辑，每个工序的细节均与内容质量及价值挂钩。从点击率到通读率，关键也是内容的核心价值，这才是互联网内容营销的王者！

评估内容成效的 KPI

根据2014年美国内容营销协会与内容营销资源网站MarketingProfs在北美地区进行的调查，约2/3（67%）的B2C企业在进行内容营销的同时，致力于评估其策略得到什么效益。

现在，有不少企业都会利用关键表现指标，利用数据协助追踪内容营销策略的效益，计算其投资回报率。各位读者较为熟悉的例子，有国际上著名的《赫芬顿邮报》（*Huffington Post*）。它们都有利用关键表现指标的数据去分析文章受欢迎程度，然后按其调整内容策略。

企业在创造内容时，需要认清内容营销策略中不同的目标，包括提高品牌知名度、增加顾客购买意欲及销售业绩等，配合企业的特色和市场定位。有了这些指标，各位读者便能准确评估内容策略的成效！

增加品牌知名度

一般来说，内容营销需要一段长时间经营，才能达成扩展品牌的传播广度及深度，拉动品牌需求以创造销售营利的目的。所以以下介绍的量度办法，都应以一段期间为准，看到相关的走势，比单靠一次两次取得高低数据来得重要。

曝光率（Reach）：被视为增加品牌知名度的重要因素之一。就算企业所建立的内容项目质量再好，假如因为传播渗透率不足而拉低曝光率也是徒劳。要计算内容项目曝光率，以下几项关键表现指标值得参考。

访问量（Visits）：内容项目在指定时间内（普遍情况为30天）的网站访问次数。值得注意的是，访问量包含了重复的访问受众，访问量越高并不单纯代表访问人数越多。

非重复（独立）访问量（Unique Visits, UV）：通过追踪受众网络位置的"小甜饼"文本文件（Cookies），计算在指定时间内的网站访问次数。由于每个受众的网络位置各有不同，"小甜饼"文本文件可以计算出独立访问，可以防止重复访问的情况。可是，由于涉及私隐问题，近年有不少网络浏览器都禁止了"小甜饼"功能。因此，非重复（独立）访问量通常被低估。

新访问（New Visits）：新造访的受众数量，这个数字越高，代表网站越多吸引了新的受众，扩展内容传播面的广度。

增加受众购买意欲

企业要拉动受众对自家产品的需求，就需由引起受众对品牌的兴趣着手。从内容营销的角度出发，受众接触由内容起始，就以软销的方式让他们对内容的喜好转化为对品牌的好感度，从而提升购买意欲。在这个阶段，下列的关键表现指标就成为了营销的效益焦点。

浏览量（Page Views，PV）：指每个受众浏览的网站网页数量。例如，一个受众在一个网站中浏览了三个网页。这代表了一次访问和三次浏览。浏览量越高，就代表受众对网站内容越有兴趣。

跳离率（Bounce Rate）：这个指标与浏览量相反，意思是指每个受众进入网页内容后在指定时间（Time on Landing Page）内离开的百分比。跳离率越高表示内容营销的成效越低。除了因为内容项目本身对读者的关联性（Relevance）不足外，也有可能是网站本身没有加入足够的网址链接联结其他相关内容项目。

回访率（Revisit Rate）：受众重复访问网站的比率。一般而言，回访率越高，显示受众对内容项目越具好感。

提升品牌参与度和忠诚度

品牌若要长期巩固受众对其建立的正面形象，与受众之间的互动必不可少。当受众对品牌的情感提升，对其忠诚度亦然。受众除了成为品牌的追随者外，甚至会在自己的社群中反馈，为品牌宣传，建立品牌的口碑。要达到以上的目标，内容项目担当了品牌与受众之间互动桥梁的角色，而其效能可以从以下两项关键表现指标验证。

社群评论： 社交媒体对其内容项目的评论。无论社交媒体中用户对内容项目的评论正面与否，其评论的数量代表品牌参与度（engagement）的高低。同时，内容营销人员都应该对这些做出必要的响应，作为与受众之间的互动和品牌参与，由加强受众体验加强他们对品牌的忠诚度。

社群分享（Social Sharing）： 内容项目在社交媒体被分享的次数。当内容项目被分享的次数越多，证明了内容项目具有越高的相关性和分享价值。如上所述，受众的分享反馈为品牌宣传，成为另类"口碑营销"（Word-of-mouth Marketing），让内容的扩散效益不断提升。

总括而言，以上关键表现指标，其实与评估网上媒体效益的KPI差不多。正确地评估内容策略的成效，犹如飞机的导航系统，让机长了解地理位置并飞行在正确航线上，最后安全抵达目的地。

财务相关的指标

内容营销人员，利用KPI评估策略效益，是业界的惯常手法。在众多指标中，点击率及转发次数等，是最简单直接且最受欢迎的评估方法。然而，这些指标却忽略了流量、财务收入及成本控制方面的考虑。以下从品牌主角度出发，多介绍几个重要的表现指标，以量度内容的成本控制及增加客源的表现。

成本控制的指标

回归根本，内容营销最重要的意义在于为品牌主开发更多客户。换句话说，设计内容营销时将涉及开发客户成本和收入之间的平衡。因此，控制开发成本及优化客户开发过程成了内容策略成功的关键。

身为品牌主，评估内容成绩往往从营销收益角度考虑，以下为4个常用的指标。

1. 收入目标（Revenue goals）：根据营销目的订立适当的收入指标，通常会订立年度、季度、月度收入目标，并将定期检视成果。

2. 客户数量（Number of customers）：按照盈利目标估计所需客户数量。以100万元盈利目标为例，若每位客户收入所得为2000元，整个内容营销活动就要开发约500位客户。

3. 转换客户比例（Conversion ratio）：内容营销人员需要根据开发比例，预计所需受众数目，即与多少人接触才可找到一位客人。例如每五位受众就有一位会成为客户（用户），"用户比例"

为 1:5，当需要开发 500 位客户时，所需的用户数量就是 2500 位。读者要注意用户与受众有别，前者需要与品牌有某种方式的互动，如订阅电子邮箱或填写问卷调查等；后者只是一名阅读者。

4. 取得一位用户的平均费用（Cost-per-lead）：即每位客（用）户的开发成本。例如，品牌主认为每位客户的开发成本不可超过 10% 的客户收入。承接上面的例子，若从每位客户那里公司的收入所得为 2000 元，内容营销人员就要尽量将客户开发费用保持在 200 元或以下，而预计开发 500 位客户的总营销成本则为 10 万元。

如何降低成本

开发客户过程中，主要有上述几个成本控制指标。业界还可以根据以下指标，优化客户开发过程，从而降低每位客户的开发成本。

流量来源（Web referrals）：内容营销人员需要关注内容的流量来源，以便深入地了解内容从何种渠道（媒体）接触受众。例如，数据显示流量或点击率主要来自某讨论区，内容营销人员就会加强吸引该讨论区社群的力度；反之亦然。这些数据正好让营销人员明白哪些内容、哪条渠道较受欢迎。流量需要时间不断累积，以适当时间观察内容流量及作出比较，能得到有用的数据，借此可再改良内容项目及其发布渠道。

探访（消费）比例（Visits to purchase rate）：读者（受众）进行消费行为前浏览网页的比率。在进行购买行为前，读者往往浏览同一网页或内容项目多次，才作出购买决定。业界利用"小甜饼"档案等监察工具，可以得知受众从浏览到购买的整个过程，并分析出影响读者（受众）购买决定的因素。

内容加载时间（Page load speed）：浏览内容时，看着"加载"标志的漫长时间是何等"痛苦"的事！若内容加载的时间太长，无疑会影响受众对内容的兴趣，甚至放弃浏览，令品牌主失去商机。要降低内容加载时间，内容营销人员可以考虑降低某些内容容量（如压缩图片像素），或以较小型档案替代需要高容量档案（如以动态图片代替影片）等方法提高加载速度。值得注意的是，过长的加载时间同时会降低内容项目在搜索引擎的排名，造成双重损失！

网页停留或活动时间（Time-on-site or engagement）：在网页停留时间的长短，可知读者对内容兴趣的高低；如果读者停留很久但没有互动行为，就需要看看怎样提升他的互动能力，加个"请看全文""往下一篇"等有助提升受众留在网站时间的字眼。

跳离率：也称回跳率。是指读者在到达某网站内但很快便离开，没有再进一步看下去。通常是该处内容不够吸引人，需加改善。一位访客如果在网站内看了一篇文章或一段影片（停留了一段短时间），但看不完便离开，又没有追看其他页数或进行其他活动（互动或购物），那是很浪费的事。

转发率（Number of shares）：内容项目被转发次数。二次转发不但可以让内容项目更有力地渗透网络不同社群，亦有利锁定社交媒体中的"意见领袖"，让内容传播力度大幅加强。例如，当你的内容浏览量在社群媒体页面上只有寥寥数个"赞"，但通过转发该项目，"赞"与转发次数可能会有惊人的增幅。只要能够辨识"意见领袖",不但会增加内容的可信性,亦可以通过与他们合作降低传播成本。

以上的指标皆从开发客户及成本控制的角度出发来谈。内容营销应"内容"与"营销"并重。各位精明的营销人员,可以同时参考两类指标,找出最适合自己策略的评估方案!

How
赢取内容营销奖项

赢取奖项的 5 大秘诀 [31]

1. 你服务的不是自己：内容营销最差的情况，就是服务自己。什么是服务自己？假如你看见一段内容，就仿佛听到产品经理和公关们的介绍和说词，这就是服务自己——因为他们只顾着用他们的角度去介绍产品，而没有照顾顾客的想法和需要。最好的内容，都会集中于顾客的需要和想法，让顾客读起来，马上有兴趣读下去，明显展示出内容是由顾客的角度出发，想他们所想。

2. 挖得深才进得了心：有不少广告和内容，具有野心，也有庞大的预算，却就是打动不了人。原因是，他们想说的太多，结果只能从有限的资源内说最表层的东西，最后就变得沉闷和老掉牙。因此，与其花钱花资源去说很多、很广的内容和故事，不如将范围缩窄，把内容挖得更深，找出一些前人没有的观点和角度去说服和感动顾客，效果必然更好。

3. 冒一些险，不循旧路：旧路最好走，因为安全，但安全不

---

[31] 参考来源 http://contentmarketinginstitute.com/2016/08/secrets-award-winning-content/

一定能带来胜利。假如今天看的，与昨天看的也是差不多，何故要浪费时间看下去，这是受众的想法。因此，要令你的品牌突出，与别不同，就要用一些新的方法和路向，为受众带来惊喜。过程中虽然有机会要冒险，但是如果你的内容本身也不让你好奇、惊讶和紧张，又怎能刺激受众的眼球呢？

4. 找出色的帮手，做超越基本的内容：事实、数字、具体例子，这些都是最基本的东西，是好的内容营销不可或缺的，但如果你想做得比基本更好，就要付出更多。比如，摄影和摄像方面，找一些专业的人士为你的企划和产品度身拍摄，订造最切合的效果。内容表达上，找一些好的文案策划，多用比喻和有趣幽默的方法呈现内容，达到与众不同的效果。简而言之，想有出色的内容，找出色的人来帮助是绝不可少的。

5. 钱多，不一定赢：资源和金钱多，与内容的成功并不挂钩。的确，有不少企划凭着银弹攻势，赢得了美名。然而，同时也有很多用心制作，花钱不多的，凭着出色的内容获得一样、甚至更好的效果。这些例子在本书的第三部分环球案例中俯拾皆是，而他们最大的优胜之处，在于他们充满想象力。想象力始终是我们最珍贵的能力，是钱买不到的，而要做好内容，想象力是最重要的。想象力产生有趣意念，令受众和顾客动容，也唯有这样，才得赢得奖项和品牌的成功。

CMA 内容营销奖项类别 [32]

以下是2016年美国内容营销学会举办的内容营销大奖（Contnet Marketing Awards）各个评审项目。大家可留意奖项达90余项，虽是环球竞选，只要作品好，机会也不算低的。

同时，这是一张罗列各种创意的清单，提醒营销人员世界上各种各样的内容营销办法，让创作者从中找到灵感。这也是一张"努力清单"，每当完成了一个项目，所有内容营销人员就应要从中找寻各种标准，量度一下自己的项目是否能达标，出了什么样的成绩？

全场大奖

内容营销年度广告公司（分100员工以上及100员工以下，各颁一奖）。

策划部分

内容营销年度首推宣传策划。

最佳内容营销宣传策划。

最佳内容营销健康宣传项目。

最佳内容营销财务宣传项目。

最佳内容营销零售宣传项目。

最佳内容营销制造业宣传项目。

---

[32] http://contentmarketingawards.com/categories/

第二部 做好内容、有效发布
HOW：赢取内容营销奖项

最佳内容营销科技宣传项目。

最佳内容营销旅游宣传项目。

最佳内容营销教育宣传项目。

最佳内容营销长期（多年）策划。

内容营销最佳自动化项目。

内容营销最高转换率项目。

内容营销最高订阅增长率项目。

最佳内容营销分销策略。

内容营销包含的原生广告／赞助内容策划。

内容营销最佳投资回报比／量度策划。

内容营销最佳流动装置融合项目。

内容营销最佳机器学习／人工智能项目。

内容营销人为活动（事件）策划。

最佳综合企业事件（人为）／数码内容策划。

企业／客户内容营销关系。

最佳影响者营销策划。

最佳内容策划。

综合性内容营销项目（纸媒／数码融合）。

最佳内容营销资讯科技应用项目。

付费广告／内容营销融合项目。

最佳品牌内容项目。

最佳专属户口内容营销项目。

销售渠道—社群媒体

最佳电子通讯。

内容营销最佳脸书应用。

内容营销最佳 Instagram/Snapchat 应用。

内容营销最佳 Linkedin/SlideShare 应用。

内容营销最佳推特应用。

内容营销最佳视频/YouTube/Vimeo 应用。

内容营销最佳多个社群媒体应用。

最佳企业博客（corporate blog）。

最佳博客文章。

最佳多作者博客。

最佳独特主题博客。

最佳播客/音响系列（podcast/audio）。

最佳信息图（一次性）（inforgraphic）。

最佳信息图系列。

最佳互动信息图。

最佳内容策展（content curation）。

最佳移动应用程序/设备（app/utility）。

最佳内容主导网站。

最佳幻灯播放。

最佳鼓励式视频或视频系列。

最佳内容营销独特主题视频。

最佳内容营销项目中视频或视频系列。

最佳内容营销视频系列。

最佳电子书或白皮书应用。

交通运输（空中/汽车/铁路/船运）刊物。

会员刊物。

科技刊物。

制造业刊物。

财经服务刊物。

政府刊物。

健康/医疗刊物。

款待/旅游刊物。

非营利刊物。

宗教刊物。

零售刊物。

学校/大学刊物。

内部/员工刊物。

编撰

最佳纸媒新刊物。

最佳数码新刊物。

最佳纸媒刊物。

最佳数码刊物。

最佳特写文章（印刷媒体）。

最佳特写文章（数码媒体）。

最佳访问或人物特写。

最佳常设专栏或特辑。

最佳系列文章。

最佳全面内容（印刷媒体）。

最佳全面内容（数码媒体）。

最佳特别专题特刊。

最佳年报。

最佳企业书籍。

设计

最佳纸媒新刊物。

最佳数码新刊物。

最佳纸媒刊物。

最佳数码刊物。

最佳封面（印刷媒体）。

最佳封面（数码媒体）。

最佳专栏或特辑。

最佳特写设计。

最佳信息图设计。

最佳插图应用。

最佳摄影应用。

最佳全面设计（印刷媒体）。

最佳全面设计（数码媒体）。

| 第三部 |

理论 + 环球案例

CREATIVE：创意推广篇
MEDIA：媒体与自媒体篇
INTERACTIVE：互动与人才篇
TECH：超群科技篇

CREATIVE
创意推广篇

Emoji 作内容——小标志、大成就！

通过短消息向他人诉说心中所想，却又不知如何以文字表达？不如改用比文字更能"传情"的图释（emoji）吧！配搭不同表情及动作符号的小圆脸或图案，淋漓尽致地表达喜、怒、哀、乐等各种情感，早已成为世界共同语言，它能提供截然不同的传播体验。

根据营销调研公司 eMarketer 的数据，全球现有逾 20 多亿智能手机用户，每天有超过 400 亿条短消息经互联网发送，当中就出现了约 60 亿个 emoji！emoji 的兴起代表从文字转向视觉交流的新趋势，令讯息变得更具创意和活力。不论是微信、Whatsapp，还是各类社交平台，不少品牌主已经采用 emoji 与受众互动，以下举出几个品牌如何将 emoji 融入内容营销的独特案例，让各位读者更深入了解这小小图像的吸引力。

案例1：Emoji Seience——一起来上 emoji 科学课

（科教·美国）

科学只能有无数的定律和公式？跨国企业通用电气（General Electric）2015年设立趣味科学网站 Emoji Science（http://emojiscience.com），用款式各异的 emoji、漫画及影片把多个科学实验重新编写，让中小学生能以趣味盎然的方式接触化学。

Emoji Science 的内容包罗万象，包括由美国著名电视主持人 Bill Nye 拍摄的 emoji 教学影片、介绍不同科学知识的 emoji 信息图，以及各项创意实验的说明图片，例如利用干冰改变空气形态，以水果发电等。这个网站更将化学元素表改成 emoji 符号表，把单调变成有趣，吸引受众发掘更多科学知识。

除此以外，品牌主亦同时举办"#Emoji Science"的宣传活动。他们呼吁年轻用户通过推特向他们传送 emoji，他们会利用传来的 emoji 做个实验，并拍摄影片回应。例如用户向他们发出手掌和火焰的 emoji，他们就制作一段 4～5 秒的实验影片回复用户，片中实验人员赤手托着正在燃烧的化学品[33]（读者切勿胡乱模仿，图 3-1）。

通用电气的营销策略非常成功，Emoji Science 吸引了超过 40 篇媒体报道，由 Bill Nye 主持的所有教学影片平均点击次数超过 10 万！抓住青少年爱用 emoji 的潮流，Emoji Science 增加了学生对科学的兴趣，使他们不再将知识拒之门外。同时，通过这个活动，通用电气加强了品牌社会责任的企业形象，在营销战役中打赢了

---

[33] 影片来源：http://emojiscience.com/post/118800729850

第三部 理论+环球案例
CREATIVE：创意推广篇

漂亮的一仗！

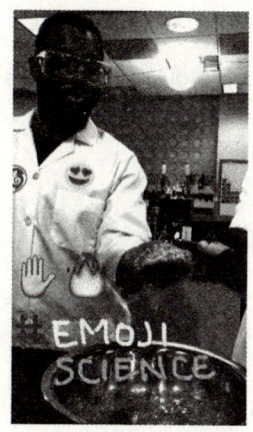

图 3-1 Emoji Science 的实验影片

案例 2：3bi0638mwwa——用 emoji 作域名
（航空公司·挪威）

廉价航空公司挪威航空快线（Norwegian Air Shuttle）是北欧第二大航空公司，其主要业务为北欧各国提供密集内陆及飞往欧洲、北非和亚洲城市的国际航班。2016 年 6 月，挪威航空快线推出一条从哥本哈根飞往美国拉斯维加斯的新航线，主要服务 18～34 岁年龄层的消费者。然而，挪威航空快线没有进行任何传统广告宣传，也没有进行减价促销，竟然是利用 emoji 轻松吸引大批年轻受众！

挪威航空快线采用了一个由 3 个 emoji 组合为新航线推广网站的域名（www.xn--3bi0638mwwa.ws）。为了强化新航线目的地拉斯维加斯的城市形象,他们选择"飞机""老虎机"和"长着翅膀的钞票"3 款 emoji,寓意乘坐挪威航空快线的直飞航班到拉斯维加斯小赌一番,钞票自然会乖乖飞往(也可解作飞离!)钱包去。挪威航空快线相信 emoji 域名策略符合消费群的沟通潮流,能够吸引他们的眼球(图 3-2)。

图 3-2　挪威航空快线用作域名的三款 emoji

除此以外,挪威航空快线决定利用图片分享到社交平台 Instagram 传播自己新的域名。值得注意的是,它借用了 Instagram 上受欢迎的 8 位丹麦意见领袖,包括足球运动员、音乐制作人、模特和知名博主等,向外界进行推广(图 3-3)。

图 3-3　挪威航空快线的网站首页,可以看见顶端有数个 emoji

挪威航空快线的 emoji 域名策略不但为受众提供了破解符号的乐趣，而且加强了视觉感染力。新航线网站推广首日，挪威航空快线在 Instagram 平台收集逾 4000 个赞及 1600 次网站点击，品牌传播接触面达 50 万目标消费者！

人类始终是感情动物，"表情"胜过千言万语，emoji 不只是符号，也是生动且富有创造力的交流方式。以上两个案例，emoji 赋予内容营销更多创意元素，辅助品牌主更上一个台阶！如果向年轻的消费群进行内容营销，不妨以 emoji 作为策略一部分，为受众带来传播新体验！

平实地搞好购物网站内容

网购、电商、团购、海淘……这些名称近年大热，顾客足不出户就能点选购买各式各样的货品或服务，方便无比。现在，无论大小企业，甚至初出茅庐的年轻人，均纷纷创立网购平台，抢占庞大的零售市场。以下举出几个电子商贸的案例，让大家看看在网购平台怎样运用内容营销策略致胜。

一般案例，多以叙述 "前所未有" 的事件作为标榜，甚至本书此部分也叫 "创意推广篇"。但我也希望为读者介绍一些学以致用的实用技巧。而网上购物平台在很多细节上，都需要一些看似平凡，但却十分实用的点子，因此我仍把以下案例 3 至案例 6 列出，供大家参考。

一般情况下，顾客往往先观察货品的照片和阅读说明文字，才决定是否进入购买程序。文字部分是整个品牌形象的一部分，就像销售员在顾客身旁说话一般，绝不能掉以轻心。可是，不少网购平台只将制造商的商品描述"搬字过纸"，错失了大好销售良机。

案例3：自然历史博物馆——加强网店物品销售
（纪念品·英国）

除了特展入场费（英国大部分博物馆免收入馆费，但特展除外）收入外，英国自然历史博物馆（Natural History Museum）近年不断拓展网上纪念品商店，并发展成为博物馆的主要收入来源之一。作为其中一环的营销，博物馆网上纪念品店的每件产品及内容，均经精心设计，每个细节都绝不马虎。

举例来说，"狐狸水壶"是博物馆依据某件古董制成的商品（这是古为今用，创作产品的好例子），网店的文字描述为："这狡猾的小狐狸是你享用早餐及下午茶时的最佳拍档，作为圣诞庆典的送礼佳品也是不错的选择"。这段描述纵然不算太创新，但其轻松友善的语调能令产品介绍变得更有生气，更提议可用此作圣诞礼物。这些描述及细心安排不但为某一产品服务，也是博物馆形象的一种体现。

案例4：Ariat.com——加入视频，有助商品轮转
（鞋业·美国）

除图片和文字描述外，消费者往往未能于网上接触实物，即使退货机制再完善，也难免缺乏"安全感"，这令他们在订购时有所迟疑。不少时装网购平台近年就推出网上示范影片，作为产

品说明的一部分。模特儿穿着心仪的服装展示,将产品具体化,也提升读者的购买欲。这样加上产品的视频介绍(淘宝更倡议插播 VR 影片),实在有助购买的决定,美国鞋业公司 Ariat 网站付诸实行以真人影片示范,立即取得 1.6 倍营销额的增长!

案例 5:BeardBrand——以视像提供答案
(男士美容・美国)

网购过程遇到疑问时,消费者往往被请到冗长沉闷的"常见问题"文字页面,很多时候还找不到答案;想要致电客服人员,要运气相当好才能接通。这些情况往往演化为消费者的不快回忆,甚至令他们对网站购物却步。

所谓"机从危来",专门售卖胡须护理产品的美国男士美容品牌 BeardBrand 就能把握客人的提问机会。其共同创办人 Eric Bandholz 会定期上传教学影片,指导如何护理胡须及介绍有关产品(以内容营销增加销量),每部影片只有几分钟,多为述说及产品使用示范。当中包括:如何避免胡须沾到啤酒气泡、如何加快胡须增长速度、胡须与发型配合方法等,由于其设身处地解答留须男士的困难而大受欢迎。

这些影片除了形象化文字内容,令消费者能轻松找寻解决问题的方法,更发挥了售后服务的作用,优化消费者体验。

案例 6:Net-A-Porter——精致刊物俘虏消费者的心
(时装・环球)

除了设立网购平台外,不少奢华品牌都会出版附属刊物用以推广。2013年，美国时装品牌Net-A-Porter出版网上杂志The Edit（www.net-a-porter.com/ magazine）。The Edit为消费者提供有趣的人物专访、时装行业新闻及影片等信息。杂志中有不少打扮指南（style guide）向读者软销产品，当读者点击产品图片时，更会链接至网购平台的产品页面。

The Edit通过刊物鼓励读者购物的方式非常成功，这为Net-A-Porter带来每月600万次点击量。其后，2014年品牌增版Porter时装杂志，受众要支付每年25美元的价格订阅。发展至今，Porter已出版法、德、英、中4种语言版本，更达到15万份的月销量，挑战百年老牌时装杂志《时尚》（Vogue）的地位。

内容营销不仅是一种营销策略，更是一个推动消费行为的人性化营销概念。上述第3～6四个案例，可谓既平凡又普通，但都取得了不错的成绩。因此，无论任何性质的行业、不同知名度的品牌、服务或产品，均应加入内容营销元素加强品牌传播，解决营销困难。

利用歉疚感作内容营销

媒体生态多元化，每天都会有各式各类的媒体或社交网站在市面上发布。内容营销要增加受众接触面，就要进行跨媒体传播策略，增加不同媒体的渗透率。以下介绍的澳大利亚铁路运输企业V/Line的跨媒体内容营销案例，阐述市场营销人员如何利用不同媒体，向多个受众群进行营销。

案例 7：V/Line 城际火车
（公营长途火车·澳大利亚）

城乡发展差异化，亲属分居两地

地域面积广阔的国家，要由一个城市到其他城市，动辄就要花上一两天的时间。相信不少曾经居住异乡的读者，都会对这种体验尤其深刻。有不少家庭的子女，需要远离家乡到城市院校求学。子女往往要在节假日才能回家探望父母。随着通讯软件的普及，就算足不出户，子女也可以通过网络向亲人嘘寒问暖，得知父母的近况。因此，外出游子返乡的频率也逐渐下降。

V/Line 城际火车是澳大利亚地区性公营铁路企业，营运已达150 年之久，其服务范围涵盖维多利亚省各个城镇及墨尔本市。由于澳大利亚国内驾驶私人汽车文化日盛，不少国民都选择自己驾车，间接对 V/Line 的营运造成打击。因此，V/Line 积极提高非旅游高峰期的乘客量，尤其是探亲或回乡团聚的旅客的消费者群体，希望他们不要长途自驾，而选择乘搭 V/Line。

就像国内春节回乡探亲，成为必要的习惯和行为一样，无论哪种原因，在佳节期间错过了探望亲爱的家人，难免会产生一丝丝歉疚感。2012 年 5 月，V/Line 针对这个社会现象，与墨尔本麦肯广告公司（McCann Melbourne）合作举办了一个名为"赎罪之旅"（Guilt Trips）的营销活动，为父母提供见孩子的机会，同时为"带歉疚感"的子女"赎罪"！

"赎罪之旅网站"应时而生

"赎罪之旅"其实是一个预购火车票的网站。与一般售卖车票的网站有别，其卖点就是让用户指定对象，将已代付费的车票与窝心的讯息一同寄送。例如，在圣诞假期前几天，父母可以通过应用程序将"圣诞节快到了，我们期待你回家一起庆祝"之类的讯息寄出给子女。子女看过讯息后，就可以下载父母赠送给他们的车票。计划的对象自然是那些久未回家、"带歉疚感"的子女。

V/Line制作了一系列极具幽默感及讽刺性的标语和图片，一方面针对年轻一代在脸书和推特等社群媒体播放，另一方面还拍摄了若干部教学影片，教导父母如何用婉转的方式，向子女表达惦念记挂的心声，用以加深子女不回乡探亲的"歉疚感"。以其中一部名为《对话打空翻》(The Conversation Back Flip)的影片为例，片中的母亲指出，与不回乡的子女对话时，先谈一些闲话家常的题目，到对话接近尾声时，就加插"其实我有时挺寂寞的"之类的句子，令他们听到后感到不好意思。

以实体书迎合长者需要

另外，由于未必每位长者都知道如何操作社群媒体，V/Line更制作了教学手册，特地送到乡镇派发给长者，让他们一步一步成为"网上订票大师"。

在不提供任何票价优惠的情况下，此项为期8个月的内容营销活动，仍然能够为V/Line带来非高峰月份每月15%的业绩增长，期间总额外利润达400万澳元。电话中心针对返乡旅客的查询个案平均增幅高达28%。整个内容营销活动的投资报酬率达4倍之高，并获得2014年康城国际创意节（Cannes Lions International Festival of Creativity 2014）颁发的创意效果大奖（Creative Effectiveness Grand Prix）！

极佳的双元对象推广

"赎罪之旅"的营销活动并非是单一目标受众的广告推广活动，策划者利用社群媒体平台及实体书等多个媒体的特性，配合不同习惯的受众，采用跨媒体营销，同时渗透一老一少两个受众群。营销策划者又特意将不同讯息分别提供予父母及子女，好让他们彼此有沟通的空间，再加上为子女们精心设计制造的"歉疚感"教学内容，有效地把受众的心底话引发出来，成为关键的成功因素。

这例子正是设身处地考虑不同受众对不同媒体的消费习惯，有效地加强对受众的渗透率！

案例 8：New Balance——引起共鸣的价值观
（运动品牌·中国）

除了引发"歉疚"作营销手段，利用感性内容为宣传者亦比比皆是。

2014 年 8 月，国际运动品牌 New Balance 在社交网络推出微电影《致匠心》（*Heart and Hands*）。这部影片以明星音乐人李宗盛为主角，片中拍摄了由李宗盛亲手制造吉他以及另一个鞋匠制造 New Balance 运动鞋的镜头，两者不断相互交错。背景传来轻松的音乐及李宗盛率直的独白。他从自身为音乐人的经历出发，讲述不少为人处世的道理。影片近结尾时，李宗盛以"专注做点东西，至少对得住光阴岁月，其他的就留给时间去说吧"，歌颂专注工艺、追求完美、"作品就是自己"的工匠精神，最后向工匠致以崇高敬意。

《致匠心》这支短片，抓住"精工匠造"的价值观，显示手工产品与众不同的价值，引发了受众对于产品质量的要求及工匠精神的共鸣。在 3 分 30 秒的时间内，New Balance 运动鞋产品的出镜时间不多，反而是以李宗盛谈论人生成为故事主线，将产品制造与人生要求完美的哲学结合在一起，令受众留下了无限好感，令人感动。

相比市面上主力硬销产品的广告，这部影片反而转向赞扬人性光辉，赋予品牌人性和美好情怀。虽然这个内容项目受众互动性并不显著，可是当中清晰的品牌讯息却撼动人心，是软销极佳的案例之一。《致匠心》目前已经累计超过千万次点击率，并荣获 2015 年中国内容营销金瞳奖"内容营销特别大奖"。

幽默感（含恶搞）赢尽人心

内容营销形式众多，当中不乏走轻松幽默路线的。这项策略在于考验市场从业人员的创意及幽默感，通过内容项目带给受众欢乐，加深甚至改善他们对品牌的印象。幽默的范畴也很多元化，例如"Parody"便属其一。此词指"恶搞"，在流行文化中层出不穷。无论在街头或高端市场，不少品牌皆通过戏谑、讽刺的幽默手段，向主流或者顶尖的品牌们"致敬"（港式粤语称作"抽水"）。以下列举几个极富娱乐性的内容营销案例，与大家探究一下幽默感吸引受众的秘诀！

第三部　理论＋环球案例
CREATIVE：创意推广篇

案例9：宜家家具——网民大赞！宜家创意恶搞苹果
（家品·国际）

国际家居品牌宜家家具（Ikea）不时制作一些恶搞世界科技巨头苹果计算机（Apple）的内容，大受网民赞赏其二次创作的无限心思。

已故苹果创办人乔布斯（Steve Jobs）曾经于2007年的产品发布会上表示"没有人会想要一支（麻烦的）触控笔"（Nobody wants a stylus），指出苹果不会推出触控笔。然而，在后期的产品发布会中，苹果竟然宣布推出苹果铅笔（Apple Pencil），令人议论纷纷，更引来不少网民恶搞，指苹果违反乔布斯的"遗训"。当中最吸引眼球的，就是由宜家所制作的海报（图3-4）。宜家的海报与苹果铅笔海报非常相似，苹果的海报显示正在使用触控笔写字的手，并附上"毫不陌生，革命性创新"（Completely familiar. Entirely revolutionary）的字句；而宜家的海报则显示正在使用普通铅笔写字的手，更附上"绝不陌生，完全免费"（Absolutely familiar. Entirely free）的字句对应苹果的标语。

图3-4　左图为苹果铅笔的广告、右图为宜家的海报

然而，这并非宜家首次"恶搞"苹果。苹果的产品广告向来拥有独特且一致的特色：白色的背景、产品设计师清楚明了地讲解产品与设计以及精细的动画。

2015年，宜家就模仿了苹果产品介绍影片，推出"Experience the power of a book™"影片（www.youtube.com/watch?v=MOXQo7nURs0），以同样的叙述、分镜、呈现方式等介绍自家印刷的型录，并强调型录不用充电、翻页速度不会滞后、可随意（人手）加入书签和分享功能，如此强劲的"产品规格"绝不逊于苹果的电子产品！这么具创意的产品内容在发布一个星期内，就有过千万次的点击量，品牌传播效果非常显著。虽以恶搞为形式，但该型录满载宜家各式家具产品及其家居配置，却是100%把自家内容上传，100%内容营销。

案例10：柯文哲——九一记者节，客串当主播
（政治·中国台湾）

9月1日，除了是中国大部分地区莘莘学子开学的日子，也是中国台湾地区的九一记者节。台北市市长柯文哲选择在这天拍摄短片，感谢新闻工作者的默默耕耘。在短短两分钟的"KPNews"影片[34]中，柯文哲反串新闻主播，一开端就说"台北市长每天当小蜜蜂嗡嗡嗡，但有人比他更勤奋、更早到、更晚走，那就是采访他的记者了。"

这位市长着实也是内容高手，他时常把政治理念通过演讲视

---

[34] 影片来源：https://www.youtube.com/watch?v=KejdiCo1hUE

频形式发布,并往往能抓住市民的眼球。他说记者比自己的工作还辛劳,不但扮演主播抢得收视,更乘机与"舆论制造者"——记者们打成一片,一举两得,实在高明。

影片上传后短短 3 小时,已经有逾 15 万次点击,获近 2 万人赞好。有网民称赞他公关技巧很好,这句评论代表了他们的欣赏:"一口气收服了全部的记者,全部的政治人物大概只有你知道今天是记者节"。这部影片道尽记者们的采访辛酸,有趣搞笑之余,更引起不少记者共鸣。

案例 11:JobSite——"抽水"之作迎合社会潮流

(网页·英国)

所谓"抽水"(香港口语),意即利用一些社会话题为自己的广告进行"二次创作"。很多时候借鉴了公众熟悉的内容,采用其角色或情节,然后把自己要说的话置于其中,效果往往很有喜剧感。此等行为遍及全球,广告是爱"贴近新鲜事物"的性格,不去利用近期时人时事,反而会被认为"错失良机"!

2013 年年底,英国一家求职网站职位网(Jobsite)举办了一个名为"优势"(Advantage)的抽奖活动,获奖者可以免费得到职位网所提供的"面试支持"服务。这项宣传活动针对"Y 世代"(在 20 世纪 80 年代至 2000 年出生)的受众群。当时负责宣传"优势"的内容营销公司——Seven 就拍摄了一部宣传影片。

这部影片并非平铺直叙地描述"优势"活动详情,而是大肆"恶搞"当时英国广播公司(BBC)播映的实况求职电视节目《飞黄腾达》(The Apprentice)。片中几位主角无论打扮造型、动作仪态,甚至说话语气几乎百分百模仿《飞黄腾达》中的人物（角色中包括了当选第45届美国总统的特朗普，他在该节目中饰演自己——即是Trump集团大老板，其名言为"你被开除了！"）。

可是，他们在片中却表现得怪里怪气，行为往往惹人发笑。其实，Seven想利用这部影片中的荒诞，讽刺《飞黄腾达》的模拟求职情境不切实际，也想突显出职位网"为客户务实找职位"（real jobs for real people）的服务宗旨。

这部影片几乎可以乱真，吸引了不少受众，也引起了社群媒体的巨大回响。单以YouTube影片平台计算，就有超过75万次点击率，并为职位网吸引110万个新用户。由于借用了求职界的大热节目来恶搞，与宣传的目标相符，而且成绩斐然，这个内容营销案例后来更获得英国内容营销协会（Content Marketing Association，CMA）颁发的2014年年度最佳内容营销大奖。

案例12：麦当劳麦乐鸡——终结"麦乐鸡非鸡"流言
（快餐·环球）

内容营销更不乏严肃的案例，以下为麦当劳针对"食物品质"不佳而作出的"严肃回应"。

想起垃圾食物，相信不少读者会联想到麦当劳的快餐食品。除了2011年《不瘦降之谜》（Supersize Me）等纪录片控诉麦当劳食品对人体的负面影响外，网络多年来更流传麦当劳利用烂肉渣制作肉类制品，及添加过量化学物质等谣言，令麦当劳形象严重受损。

直至2015年10月，美国麦当劳就制作了Our food. Your

questions（《我们的食物，你们的问题》，网址：http://tinyurl.com/o8t9f8s）影片系列，详细解构麦当劳汉堡、麦乐鸡、薯条等的制作过程。节目主持今原真申（Grant Imahara），走访麦当劳的供货商和餐厅，并采访麦当劳管理层，公开整个食物生产过程，力证其食品原汁原味，绝非肉渣或其他代替品制作而成。

纵然舆论未完全接受影片中食品安全的说法，然而麦当劳公布这套影片系列后，立刻引起了全球媒体关注。这种利用采访形式逐一解答消费者的疑问，不但加强了与受众互动，更表明了食品生产过程透明化的决心。不论影片系列效果如何，这都是麦当劳明智的内容营销策略！

为惊悚电影增票房

案例 13：死亡占卜（Ouija）

（电影·环球）

2014 年年底上映了一部惊悚片《死亡占卜》（Ouija），这部影片的制作成本仅仅 500 万美元，虽然口碑褒贬不一，但最终却带来了达 9700 万美元（约 6.7 亿元人民币）的环球票房收入，无疑是成功的商业电影。片中讲述一众角色利用"通灵板"接触灵界后，纷纷惹上杀身之祸的故事。

越恐怖，越畅销

片主环球影业委托美国内容网站汤博乐附属的创意广告代理 Creatrs Network，制作了大量内容项目，大部分取材自电影场景制作而成的 GIF 动态图片及海报。电影上映前，环球影业运用了赞助文章及赞助博客的混合式营销，以丰富的讯息广泛接触对象。

环球影业也有在实时互动通讯程序（app.）Snapchat内投放广告，迎合受众年龄层使用社交媒体的习惯。这个仅长19秒的内容项目同时成为了第一个好莱坞电影的Snapchat广告！

除上述付费广告外，《死亡占卜》的广告更赚了不少"口碑媒体"——指由社交媒体用户互动时自行产出的口碑内容、评价及转发等。《死亡占卜》的赞助文章中，有超过一半能够引发受众在社交媒体的互动，次数高达62.5万次，整体所增加的总参与互动率达30%，由"口碑媒体"增加的参与互动率为7.63%，整体的广告成本则降低了28%。

科学化量度宣传成果

市场研究公司Millward Brown Digital接受电影公司委托对《死亡占卜》的广告成效进行了分析。该公司针对3类受众进行研究。第1类为由付费媒体上收看到广告的社群媒体用户；第2类为"口碑媒体"的用户，他们接触被转发的博客、搜索结果或其他网站的嵌入式贴文（Embedded Post）；第3类为从未接触任何《死亡占卜》广告内容的受众。

Millward Brown将第1、第2类消费者与第3类消费者进行对比，并得出以下结果：

1. 知名度：曾看过《死亡占卜》付费广告的使用者比率接近90%；曾接触过"口碑媒体"的用户更高达95%，而未接触任何广告内容的受众的比率则有80%。

2. 选购度：接触过《死亡占卜》"口碑媒体"的用户，40%表示有兴趣观赏这部电影，接触付费广告的使用者则有接近

30%，而从未接触任何内容的受众低于21%。

综合而言，Creatrs Network的付费广告令《死亡占卜》的知名度平均提高10%，对影片感兴趣的受众也增加了54%。

熟悉社群内容，营销战无不胜

说起策划此片宣传的Creatrs Network公司，它是汤博乐连同300名汤博乐博客用户合力组成的广告公司，专门为付费品牌主制作广告及内容项目。Creatrs Network的创意人才对品牌主的目标客群，也即是汤博乐平台及其用户的习惯极为了解，他们将品牌讯息整合至其原创内容项目当中，因而更能与受众情感挂钩并引发共鸣，相对传统品牌开发的付费广告的策略更为优胜。

再者，Creatrs Network所制作的内容项目，大部分可以应用快速、经济的发行需求重新混制使用。这种制作模式将电影主要角色的预告片和广告处理成GIF动画的片段，方便运用，为营销团队带来极大的便利。

总结以上所述，要向年轻一代进行品牌或产品传播，社群媒体占了重要席位。上述例子由于制作内容团队、宣传渠道乃至受众均来自社交平台，对媒体的熟悉，令影片宣传赢得漂亮一仗！

寻找撼动人心的内容

案例14：健力士纸巾——重返校园谢恩师
（纸巾·美国）

美国不少中学均设有合唱团体，久而久之成为了一种学界的合唱文化，可以说是一代人的集体回忆。卫生品牌"健力士"

（Kleenex）在 2016 年年初推出了一部名为《爱心合唱团》的影片（*Klennex Presents A Caring Chorus*），被网民疯传。

这部影片很值得大家学习，它不去硬销，而是通过赞助拍摄一个感人故事，让观众投入其中。影片全长 2 分 50 秒，以纪录片形式拍摄，讲述一群热爱合唱的校友重返芝加哥母校，探访当年合唱团的歌唱老师 Gabreilyn Watson 的故事。[35]

影片一开始就以置中的字幕点出主题："伟大老师改变生命，让我们以歌唱赞颂！"（Great teachers change lives. Time to sing their praises.）然后说明这是由"健力士"品牌呈献的影片《爱心合唱团》。随之是一些学生的个别访问，他们讲述如何受到 Watson 老师的启发，当中有学生因而走向娱乐表演事业发展，部分学生更是已离开校园逾 10 载。

访问环节结束后，镜头随即转到他们的母校。画面所见，年纪不轻的 Watson 缓慢地步入校园通路。突然，《奇妙恩典》（*Amazing Grace*）的歌声从前方响起，躲藏在通路两旁的校友纷纷从柱位后走出来歌唱，为 Watson 重演学生时代的无伴奏合唱。Watson 顿时语塞，更喜极而泣，感动得站不起来，她跪倒在学生跟前，谢谢他们这份突如其来的礼物。

《爱心合唱团》虽然由广告商赞助，Watson 也使用了该品牌的纸巾拭抹眼泪，但整件事情（给 Watson 惊喜，她事前一无所知），却是如假包换的事实！《爱心合唱团》凭借大众认同的主题（伟大老师改变生命）、简朴无华的镜头和真挚感人的内容，14 天内

---

[35] 影片来源：https://www.youtube.com/watch?v=YHH6oQl9z5k

获得逾 300 万点击量,并被社交媒体转载逾 6000 次!看的观众也多哭成泪人,即使没有采用"健力士"揩抹泪水,最少也留下了深刻印象。

案例 15:费雪(Fisher-Price)
(玩具·环球)

真正元旦 BB 当主角

玩具品牌"费雪"也曾推出影片。2015 年元旦钟声刚敲过后的 24 小时内,"费雪"一反以往在广告中出现儿童乐在玩具游戏中的场景,选择在普天同庆的时刻,通过社交网站发布一支既符合传统、又与产品相关的贺年影片——《送给宝宝的祝福》(Wishes for Babies)。

在短短 90 秒的时间内,纪录片导演 Patrick Creadon 及制作队伍跑遍全球,访问 10 位来自美国、日本、墨西哥、巴西、肯尼亚、孟加拉国及波兰等国的母亲,共同点是:她们的婴儿都是在跨年之际在医院诞生。

医护人员将准妈妈送入产房、亲属紧张地在外徘徊、准爸爸陪伴在侧……一幕幕犹似电视剧般的画面在影片中上演。影片中段,妈妈们都成功分娩。他们以自己的母语诉说对新生命的喜悦,美国母亲抱着双胞胎道:"只要你们活得健康快乐,我会准备其余一切";孟加拉国的母亲希望婴儿"能上学、接受教育";波兰的母亲语带哽咽地说:"但愿你时刻被爱。"……之后,字幕把影片与产品拉近:"迎接新的一年,此时最好以爱开始。"(Welcome to a brand new year. The best possible starts begin with love.）然后影片尾段就以一张婴儿手握成人的图片结束，强烈的视觉对比象征着父母承担孕育下一代的使命，同时代表着他们为世界带来的希望；在图片出现时同时出现商标。

"费雪"配合时节的实时营销（real time marketing，借助新闻或热门的社会话题，将品牌讯息发放开去），还找出真正在元旦出生者作主角，这一策略在社交网站获得巨大回响。同《爱心合唱团》一样，《送给宝宝的祝福》在上传后的一天内，就有逾170万点击量，更为传媒广泛报道。

上述案例摒弃了一般的广告宣传，完全不从制造者的角度来说故事。营销团队最值得称赞的地方，在于愿意投放资源在坊间寻找真实的故事，影片纯以真情感动人，品牌处于次要位置——"打感情牌"彰显人性，取得喝彩及成功！

感人的内容便好？

总结以上的内容营销案例，无不出于人性或从受众群角度出发，通过产生共鸣成功地为品牌进行人性化的营销。"感人的内容便是好广告！"这句话虽然说得笼统，可算是"非不中亦不远耳"。不过，做广告总要先看看广告的目标、对象及策略，要做好内容，最好的方法是制定一套可行策略，并尽力使它具备感染力！

直播遥控，代你探索行程

随着廉航和工作假期概念兴起，有不少年轻人会选择在投身社会前当"背包客"（backpacker），只身走到天涯海角，探索未知国度。时至今日,"背包客"潮流已经成为全球旅游业的黄金商机。以下这个旅游业案例,竟通过直播(live stream)遥控他人像背包客一样旅游,将老牌旅游城市重新包装,带来无限旅游商机!

案例 16:澳大利亚旅游局——遥控旅游
(Remote Control Tourists)
(旅游·澳大利亚)

墨尔本号称澳大利亚文化"首都",是不少澳大利亚文化产业的诞生地。虽然拥有深厚的历史文化底蕴,墨尔本却没有雄伟浩瀚的景点地标。对于不少旅客而言,这是一个老牌旅游城市,往往给人缺乏新鲜的感觉。加上面对来自澳大利亚其他城市的竞争,墨尔本多姿多彩的旅游特色难道就此被埋没?当地的维多利亚省旅游局(Tourism Victoria)在 2013 年 10 月推出"遥控游客"(Remote Control Tourists)的宣传活动,锐意为墨尔本建立现代化的旅游城市品牌。

社群媒体吸引参与者

活动举办前,维多利亚省旅游局先在社群媒体发布"先导影片",让旅客知悉将有一个免费的、通过遥控指挥真人代游墨尔本的机会。达到一定宣传效果后,旅游局就指定两位"遥控游客",戴着安装了定位系统,并具有实时传送影像功能的头盔,到省内各地游览。

他们所有的行踪及互动过程会在活动网站(www.visitvictoria.com/rct)广播。受众以脸书或推特账户登入网站后,就可以向

"遥控游客"发出"指令"，要求他们走进不同景点，甚至进行一些指定的活动。这些景点是当地省旅游局与墨尔本市议会及逾500家本土商店洽谈而厘定，并以关注者多寡决定"遥控游客"游览的次序。基于"工程"浩大，活动整体开支达360万澳元（约1700万元人民币），以及逾100人的工作团队。

直播旅途，精彩疯狂

活动期间，两位"遥控游客"一共走了109千米的旅程，"签到过"321个地点，跑过马拉松、游览著名的基尔达海滩（St Kilda Beach）和雅拉河（Yarra River）、拜访名厨、送花、买唱碟、上功夫课、放生海鲜餐馆的龙虾，甚至代遥控的参加者向伴侣求婚，还有各式各样精彩疯狂的事情……他们不但创造了80小时的墨尔本市影像记录，过程中更上传逾2000张照片到Instagram等社群平台。

"遥控游客"为期5天，每天8小时。这个活动原本只是一个针对跨省旅客的推广方案，却接收了全球158个国家及近4000个城市的网民"指令"，一个星期内让墨尔本成为国际媒体关注的焦点！知名媒体如Mashable及Ad Age等争相报道"遥控游客"，总受众人数达1500万人，口碑媒体（由其他媒体或社交媒体用户互动时自行产出的口碑内容）广告价值逾2000万港元！

"遥控游客"在2014年康城网络创意节获得"使用者经验""共同创造与使用者创造内容""影片运用""活动网站"及"多平台整合性个案"范畴，共5项数字创意大奖（Cyber Lions），并勇夺亚洲创意节（Spikes Asia）品牌内容与娱乐（Branded Content & Entertainment）年度大奖。

再下一城,"游乐墨尔本"!

眼见"遥控游客"的成功,维多利亚省旅游局相续推出"游乐墨尔本"(Play Melbourne)的宣传活动。整项活动以一个可搭载智能手机的球体进行影片直播,并由主持人 Adam Cinemre 捧着球体到处访问墨尔本的人和事,将墨尔本民众最真挚的一面呈现于网络直播当中。承传"遥控游客",受众能够通过 Twitter 直播平台 Periscope,向主持人发出"请求",探索城中未被"发现"的角落。"游乐墨尔本"活动一直维持至今,更会不时在官方网站向受众提供优惠,吸引他们到城中各处消费。而这些直播影片,便成了"旅游预告片",所介绍的地方,成为游客的必到之处!

直播内容势成潮流!

有别于一般旅游杂志和影像节目,维多利亚省旅游局巧妙地利用直播方式把内容应用到内容营销当中。单纯一个营销活动,就结集了真实性、众包内容(crowdsourcing)和与受众互动的特质,其成就并非偶然!相信直播内容功能将会是内容营销的下一股潮流!

从吃辣开始说故事——王老吉的品牌定位

王老吉是中国一个著名的老字号,亦经历过与加多宝争夺品牌名称事件,但是它的历史没有阻碍它最新的营销视野,在 2014 年 3 月,王老吉发布了"时尚""文化""科技"3 大板块组成的"品字形"发展战略,不断进行营销创新。目标是通过互联网让营销变得无处不在,它在内容营销上的策略,绝对值得大家参考。

对年轻人来，王老吉凉茶可能不及可口可乐时髦，但在营销的定位上，它没有盲目追逐可口可乐有汽有型格的路线。相反，它很清楚地发挥了本身的中药背景和优势。

中国地大物博，美食多如繁星，其中辣食文化正恰好能突显凉茶"解辣下火"的功用。王老吉以内容营销的方法，拍摄了一部微纪录片《平衡》。从辣食文化讲到凉茶解辣下火的功用，将观众的视线从辣菜美食逐渐引导至王老吉，巧妙地突出了品牌的独特性。

案例 17：王老吉
（饮品·中国）

采知名节目为蓝本

有了好的概念先拔头筹，品牌找了在国内非常受欢迎的节目《舌尖上的中国》的原有班底来拍摄《平衡》，务求以软性而优质的拍摄方式执行概念。

《平衡》利用精彩的故事，将辣菜与凉茶之间的历史渊源呈现出来。无论是在取材、故事性、剧情逻辑等都与《舌尖上的中国》非常相似，以至于许多观众都误以为《平衡》是《舌尖上的中国》新推的一集节目。这样的做法不但没有让观众觉得王老吉在卖花赞花香，反而隐晦地表示，节目团队也认同王老吉是品尝辣菜时伴食的最好选择。而且，更重要的是，利用《舌尖上的中国》出色的内容，吸引和网罗了喜爱《舌尖上的中国》的粉丝们，成功扩大了王老吉的客户群。

第三部　理论＋环球案例
CREATIVE：创意推广篇

不忘线下发功

在线上以内容营销制造了话题后，品牌主在线下也不忘利用网络平台，让话题转化成消费。《平衡》面世后，王老吉通过微博、微信等网络平台发起了一个"跟着王老吉吃正宗"的线下活动。这个活动形式简单，网民只需在正宗美食门店内点要榜上的"正宗美食菜式"，便可免费获赠一罐王老吉凉茶（名额有限，先到先得），然后投票选举最正宗的美食。

结果，网友参与美食评选投票量超过17万，微博相关话题搜索结果突破10万。而最巧妙的是，王老吉成功将"正宗凉茶"与"正宗美食"捆绑在了一起，不仅在消费者中留下印象，同时深化了王老吉的产品信息和正宗品牌内涵的印象。

最终，王老吉董事长陈矛透露，该品牌在2014年仍以高于行业增幅的速度迅速增长，餐饮、商超、终端店铺货率大幅提升，市场占有率超过50%，即便是在四川最偏远的地区县市如阿坝、甘孜也能买到该品牌的产品。

由是可见，王老吉成功凭着内容营销，以清晰的品牌定位，遵循了内容为上的原则，配合网络平台的线下活动，成功地打了一场活化品牌的营销战。

MEDIA
媒体与自媒体篇

令人食指大动的美味营销

所谓"民以食为天",美食从来都是百谈不厌的话题。近年互联网兴起不少以美食为主题的内容,精致的画面和描述尤其吸引年轻受众的眼球。接下来介绍几个"内容名厨"的案例,与大家一同研究"烹调"美味内容的秘诀!

案例 18:Tastemade 频道
(美食媒体·美国)

专业美食片场

美国视频企业 Tastemade 成立于 2012 年,专门供应与食物相关的影片内容。他们从世界各地搜集美食爱好者自制的影片,再通过分红制度,共享影片的广告收入。Tastemade 拥有超大型摄影棚、导播制作团队,更设独立自家酒吧、厨房,甚至烹饪学校等,让厨师在幕后准备好食物,就端到幕前进行拍摄,其齐全完善的拍摄设施可与电视台媲美。

Tastemade 将旗下制作节目发布至 YouTube 频道、Apple TV、

Android 及 iOS apps 等各大平台。同时，他们也经营各种社群平台，让内容以不同长度和形式呈现，符合用户的习惯。他们致力在社交媒体上呈现最漂亮的美食图片，而在 Apple TV 这类平台上，则提供整段烹饪视频内容。

400 条影片频道

此外，Tastemade 更有另类饮食节目，包括："Raw. Vegan. Not Gross"，教授烹调素食料理；"The Iron Grill"，专门介绍足球赛事期间贩卖的摊贩小食；甚至还有提供狗粮制作教学的"Dog Party"，可谓五花八门，不一而足。

Tastemade 现在拥有逾 400 条影片频道，每月吸引超过 2200 万观众及 1500 万订阅者收看，共计 1.2 亿次点击量。这些令人食指大动的美食影片营销模式，令美国不少品牌主将电视广告支出改为制作类似的网络影片，完全颠覆影音内容依赖传统媒体的模式。

案例 19：Grey Goose@Tastemade——赞助的内容：游世界、叹美酒

（美酒・法国）

虽说 Tastemade 的作品均以美食主题，其节目类型却绝不单一。当中包括有极多元化的内容，深耕不同喜好的受众群。例如，由伏特加品牌 Grey Goose 赞助的 Local Flight，专门介绍各式各类的美酒。节目主持人 Shawn Thomas 带领观众游走世界各地，包括到 Grey Goose 发源地法国，探索独特伏特加蒸馏技术，甚至寻找知名调酒师，理解他们如何利用 Grey Goose 伏特加混调佳酿。

案例 20：Day of Gluttony——搞个节目推广搜索功能

（搜索器·环球）

另一个极佳的例子是由谷歌赞助的"*Day of Gluttony*"（《今天吃大餐》）。这一影片讲述了两位节目主持人每到访一个美国城市，就需要使用谷歌旗下的 Google Map 程序，在 24 小时之内到访当地 24 间餐厅，开展他们的"玩命大食"之旅。

谷歌的目的是什么？就是告诉公众找美食要用谷歌的搜索器。采用的形式却是内容丰富，包罗旅游、饮食、猎奇、趣味内容的节目。这正是百分百针对 Tastemade 用户的口味而作的精准营销。这样的内容，又有谁会抗拒；这样的推广，正是内容营销的典范。

网上银行是怎样建成的？

案例 21：网上银行（Mint.com）

（银行·美国、加拿大）

1200 万客户，无一家分行

案例的主角是一项新鲜事物：网上银行 Mint.com。这家网上银行有别于建行、农行、汇丰、渣打等传统银行。它并非实体店的延伸，而是一家没有分行的银行，创立于 2006 年，声称与美国和加拿大两地 1.6 万家金融机构有联系，由开始时 0 客户到 1200 万用户之多。这家没有实体店的新银行，倚靠的是一个网站及与其相连一起的理财信息的博客。

Mint.com 的目标对象是年轻的专业人士，在 Mint.com 的网页中，有一个 MintLife 的网上理财博客，为年轻的专业人士提供很多理财信息及贴士；并以创造"最佳（No.1）财务博客"为目标。

12 栏目各自精彩

MintLife 网上理财博客的专题栏目多达12个（按英文字母序），包括：

1. 醒目消费者（Consumer IQ），文章如：《你不知道的隐藏收费》《劳动节假期省钱旅游》《结婚预算101》等；

2. 信用评分（Credit），文章如：《好与坏的信贷评分有何意义》《三种改进您的信贷评分的简易办法》《美国人的平均信用卡结余多少？》等；

3. 家庭理财（MintFamily），文章如：《五个您可以教导女儿的理财办法》《给工作父母的四个求存贴士》《家居物品如何循环再用》等；

4. 实现理想（Goals），文章如：《我们如何还清债务，买下第一所房子》《年轻专业人士最常见的财务失误》《无债人士的10大特征》等；

5. 住得舒适（Housing），文章如：《如何找个好邻居？》《房屋价值评估》《2014年最新房贷规定》等；

6. 如何实践（How To），文章如：《13个购买杂货悭钱之道》《五步到达无纸生活》《见工过后应做些什么？》等；

7. 投资有道（Investing），文章如：《五个简易投资致富的策略》《如何进行$100、$1000 及 $10000 元投资？》《照抄方式投资是否有利可图？》等；

8. 财政规划（Planning），文章如：《金钱思维：成为聪敏的财务女性》《多少钱才能令你快乐？》《亚马逊10本最畅销的理财书籍》等；

9. 悭钱有法（Savings），文章如：《买汽车而不买某些配件》《使用Care2Go、Lyft及UberX时，如何省钱》《学院贷款还款策略》等；

10. 生活品位（MintStyle），文章如：《情人节礼品的今昔潮流》《购买冬天大衣贴士》《不同年龄的三大品味元素》等；

11. 紧贴潮流（Trends），文章如：《悭悭地，搞除夕派对》《金钱简史：美国货币发展图解》《四个既感人又便宜的母亲节点子》等；

12. 理财新知（Updates），Mint.com的服务或案例，如：《手机用户的新体验》《悭足28日：Mint.com 2月份的Instagram挑战》《如何把您的账户与Mint.com连在一起》等。

每隔2至5天，MintLife就会有新文章出现。每篇长500字（英文）左右，也有些以图片为主的贴文，篇幅较短，说明部分约100字。在网站左边有转发到脸书、推特、Stumble Upon、Pinterest的小图标（icons），右面则有RSS（Really Simple Syndication，译为"简易信息聚合"，用户可订阅文章）、电子邮箱的标志，网站下边则精选过去最多人点击过的文章题目（最高点击率的文章达74573人次）、同一作者的文章及相关故事的链接，点击便可细阅所选文章。

小人物胜歌利亚

要在美国和加拿大众多银行，尤其是不少已属财雄势大、独霸一方的大金融机构中脱颖而出，还要跑一条未有先例的网络财经新路，不仅困难，而且机会相当渺茫。

最初Mint.com缺乏知名度，哪里有人登录？该网站的策略是先与一群知名的财经博客合作，邀请他们加盟成为 MintLife 的一分子，并获得广告赞助作为报酬。博主都有自己的粉丝，通过加盟可让他们也成为 MintLife 的读者，故 MinLife 初创期便取得 2 万人成为会员，亦成为文章转发的核心。

当网页渐趋成熟后，Mint 邀请订阅者试用独家理财产品的 Beta 版，总结经验后才开始推销自家产品；后来做了一个"I want Mint"的徽章，让订阅者表达成为 Mint 银行用户的热情！

在 2006 年开始，MintLife 博客推行后，每星期都有 1 万人新增成为订阅者。运作 3 年后，在 2009 年，Mint.com 立即被创造 Quickbook 及 Turbo Tax 的软件公司 Intuit 以 17 亿美元（人民币约 132 亿元）收购。至 2013 年，Mint.com 的订阅者人数增至 1000 万人，2015 年年初增至 1200 万人，获得极大成功。

总结两句话：互联网经济可令百年老牌银行受到威胁；看似没什么创意的内容营销，为 Mint.com 奠定基础，甚至建成网上银行王国，我们怎能不学？

向全球 3 大最佳博客取经

博客（blog）是最受欢迎的内容营销方式。对留意网络活动的读者来说，早期的 Xanga（1999 年创办于纽约），相信是"80 后""90 后"的集体回忆。博客发展至今，WordPress、LiveJournal、Blogger，中国的新浪微博等平台大行其道。除了一些专门托管博客的网站外，也有不少社交网站提供博客功能。下面通过介绍最受网民欢迎的国际级博客，与各位探究他们营运

的成功秘诀。

定位为环球电子商业指南（e-businness guide）的 eBizMBA，是全球电子商务学问库网站，它从 Alexa、Compete 和 Quantcast 等排名优化网站取得数据（应未包括国内博客），定期就不同类型网站的受欢迎程度发布排名榜，并广受媒体引用。2016 年 7 月，eBizMBA 发布最新全球 15 个最受欢迎的博客网站。当中，社群新闻网站赫芬顿邮报、娱乐网站 TMZ 以及商业网站商业内幕（Business Insider）位居全世界 3 个最受欢迎的博客。这 3 个网站的每月独立访问次数高达 2.5 亿～11 亿次，其流量也冠绝同行。虽然以上网站均属新闻性质，且读者数量惊人，但它们并非尽量满足所有类型的受众，相反，其成功原因在于针对特定市场的内容项目！

案例 22：Huffington Post——搜集读者想看的分析
（新闻·美国）

《赫芬顿邮报》（www.huffingtonpost.com）创立于 2005 年，成立不过 6 年，就在 2011 年获美国在线（AOL）斥资 3.15 亿美元收购。作为社群新闻网站，《赫芬顿邮报》除了设立自己的采访队伍以外，更拥有自家的内容团队，在网上搜罗来自四面八方的有趣博客。当他们遇到适合的内容项目（多为分析及评论），就会引进到《赫芬顿邮报》。现在，它的每月独立访问次数高达 11 亿次。

除了创建内容，《赫芬顿邮报》更重视内容集合（content aggregation）的工作。对于博客营运商来说，企业内自家招聘的内容团队的知识始终有限,不可能完全掌握每个范畴的知识,这些"外来"的文章正好弥补不足。对于博客作者来说,他们可以借助博客网站的名气进行二度推广。这种合作关系更能够同时为针对小众市场(深入评论及分析)的博客作者,提供一个博客发布平台,并吸纳他们的受众。就是这个广纳包容各界人才的策略,为《赫芬顿邮报》赢得全球最受欢迎博客网站的美誉。

案例 23:TMZ.com——用爆炸性标题吸读者眼球
(娱乐资讯・美国)

TMZ(www.TMZ.com)是一个美国娱乐新闻网站,经常派"狗仔队"在好莱坞的饭店、俱乐部和机场等地方等候,以捕捉明星一举一动的现场画面而闻名。而 TMZ 吸引受众点击博客文章,关键就在于其引人入胜的标题。例如:

2016 年 7 月 23 日报道——*Mariah Carey: My Billionaire BF is My Hero*(《美国天后玛莉亚・凯丽:亿万男友是我的英雄》)刚离婚的玛莉亚・凯丽的新对象究竟是怎样的人?新对象帅吗?他们合衬吗?

2011 年 3 月 7 日报道——*Justin Bieber Opens Up on Relationship & Was That a Slam Directed at Selena?!*(《加拿大歌星贾斯汀・比伯公开新恋情。这是否是对他前女友的一大打击?!》)娱乐新闻的受众,尤其是贾斯汀的支持者会想知道更多有关他感情方面的内幕消息。

以上的标题都为受众留下不少疑问空间,从而引发他们的好奇心,吸引他们继续阅读内文找出答案。对于内容营销而言,要引发受众的好奇心就需具备以下3大重要因素：首先，吸引读者眼球、甚至是"爆炸性"的标题；其次，为受众提供小秘诀或内幕消息；最后，为订阅者提供更多独特的信息。

案例24：Business Insider——理解谁是读者
（商务讯息·美国）

商业内幕（www.businessinsider.com）是美国商业新闻网站，提供商业新闻，并且将热门新闻故事发布在网络，每项新闻都同时提供相应的评论。这个网站成功造就接近3000万的固定受众群，超越《华尔街日报》（Wall Street Journal）及《福布斯》（Forbes）等老牌财经新闻媒体。商业内幕的公司规模虽然只有《福布斯》的一半，却创出如此亮丽的成绩，绝对有赖于其理解受众的需要。

商业内幕的受众非常清晰：华尔街的年轻男性商业精英，他们有每天阅读的习惯，但是平均浏览页面时间只有4分钟。相对包罗万象的《赫芬顿邮报》，商业内幕却专注于财经及科技新闻。在每篇报道中，他们都会加入深度评论，方便受众分析。在严肃的新闻故事外，商业内幕也会加入一些有趣的专题，如具特色的初创公司（Startup）、商务服装及商界精英专访等。这种营销手法正是利用了受众"角色化"的原理，从受众的角度出发，制作出最适合他们的内容。

总结而言，成功的内容营销所需要的，并非庞大的支出或大文豪，而是具有针对性的内容角度，辅以令人注意的标题。从世界最成功的博客秘诀。

改写企业下沉的命运

常言道,B2B 比 B2C 营销更为复杂,因为 B2B 的营销对象早已对产品或行业有一定的认识,而且 B2B 比 B2C 的交易金额往往更庞大,买卖双方涉及专业买手及卖家,对交易决定也相对谨慎。在业内信息透明的情况下,B2B 内容营销人员不仅需要优秀的营销技巧,更需要耐性和心思,建立品牌与客户之间的互信根基。

以下这个 B2B 内容营销案例,探讨了一家市场调研公司如何突破传统营销方式,以内容革新的思维,在激烈的 B2B 竞争中赢得一席之位!

案例 25:调研公司 Aimia
(市场调研・环球)

国际品牌营销企业 Aimia 是市场调研业权威,专门撰写顾客忠诚度相关市场报告,向企业管理层提供各种市场洞见,让市场决策得到方向。

Aimia 早期已采纳内容营销作为传播策略,定期发布调研报告,以期提高品牌知名度,缩短调研产品的销售周期。然而,随着手机和社交媒体兴起,受众对移动内容的需求日渐上升。篇幅冗长、以文字为主的调研报告,已不能符合市场潮流,其网页的浏览次数也一天比一天低。

活化内容营销,精彩纷呈

面对这个困局,Aimia 意识到急需大刀阔斧地进行内容革新,

Aimia 学院（Aimia Institute）因此应运而生。

Aimia 学院是一个内容营销人员与消费者的教育互动平台。营运首年，Aimia 学院便发布了 1400 项内容项目，平均每天发布 4 条，规模几乎可以与中小型新闻媒体相比。

在崭新的内容平台上，冗长的调研报告成为过去。随之而来的是各类文稿、信息图、短影片等更适合社交媒体和移动端用户浏览的内容项目。除此以外，Aimia 更邀请了多位业内专家，每星期提供 10 篇评论文章或营销行业故事，让内容更加精彩！

人手减少，内容产量却增多？

Aimia 何以制作这么多内容项目？一切始于内容团队结构的改变。Aimia 摒弃传统"一脚踢"的内容制作模式，先将自家内容团队规模从 9 名全职员工裁减至 5 名，并在世界各地物色逾 1.4 万名自由职业作家，改以众包形式撰写各类调研报告。

本来 Aimia 团队的内容制作者主要来自北美地区，往往不能深入了解其他地区市场，只能从经济数据进行片面的市场分析。加入其他地区的自由职业写手后，调研报告的内容便不再受到地域限制，能够为不同地区市场提供"接地气"的市场分析，令其报告更全球化，并且精准及多元。同时，Aimia 的内容团队也可专心负责编辑工作，大幅降低其工作压力。

同时，Aimia 也把设计工作外包，得到更专业及多元的设计服务。从此内容团队的职能也不再局限于写作及编辑调研报告，更可扩阔心思，从视觉角度美化内容。

一文多次演绎，一鸡三四味

相对其他品牌主而言，为内容寻找素材可能需要花费不少资源。然而，Aimia 却没有这类烦恼，因为 Aimia 自家出品调研报告本身就是极具优势的素材。Aimia 可以直接按照调研内容，制作多项周边产品。例如，Aimia 学院发布一篇有关维持忠诚度的文章。内容团队以这篇文章的内容作为基础，制作信息图、影像及影片等项目。一项内容，多种演绎。重用内容模式为 Aimia 大幅减少寻找素材的成本，也进一步增强其极高的内容制作量。

在改革策略正确，加上团队多番努力下，Aimia 走出低谷，其订阅用户人数增长达 5 倍之高。同时，读者平均停留网站时间（Time-on-site or engagement）达 4 分钟，比业界仅 15 秒的时间高出 16 倍，并首次入围由美国营销学会举办的 2015 年内容营销大奖。因此，Aimia 学院总经理 Aaron Dauphinee 曾以"我们是内容营销乌托邦"来形容这个平台。

Aimia 以几近背水一战的决心改革内容团队架构和制作模式，配合内容重用等"聪明策略"，将品牌内容项目升级至前所未有的质和量，重新令大量 B2B 客户将目光投放到 Aimia。B2B 客户需求极高，悉心做好优质内容需要极多的资源和时间，而能掌其窍门，总会"守得云开见月明"，获得可观回报！

助年轻人提升上位能力

谈及大规模开放在线课程（Massive Online Open Course, MOOC），相信各位读者一定能想起 Khan Academy、Udemy、Coursea 及 Standford Online 等课程平台。但 MOOC 在线课程概念乃国际通用，终于有中国香港人设计了这么一个平台，并融

汇至内容营销模型，引起各界关注！

案例26：ShowMuse 学习网
（学习媒体•中国香港）

由香港人张龙华（Dennis Cheung）及高欣（Jacky Ko）创办的手机程序 ShowMuse 日日学（www.showmuse.so），是一个以名人、明星为施教者，为用户提供免费及收费教学影片的平台。

ShowMuse 由策划至上架历时近一年，早在开发阶段就成功从天使投资者处融资到 100 万美元！程序上架才满两个月，就吸引逾两万次下载及 4000 名活跃用户，至 2016 年 3 月时已获得约 1000 万港元（约 800 万元人民币）资金。

ShowMuse 的宗旨是协助受众"赢尽第二条起跑线"。何谓"第二条起跑线"？这就是指沟通及社交应对等软技巧，希望年轻人学到这些东西，从而改善工作及生活的细节，能在社交及职场胜人一筹，成为社会向上流动的跳板。当中，其内容主要涵盖 4 个范畴，包括：饮食知识、家庭及两性关系、自我提升、创业等。现在平台免费影片的平均长度为 2 至 3 分钟，收费影片长度一般为 5 分钟以上。

邀请行业权威显差异

在 ShowMuse 的内容团队中有数十位明星及业内重量级导师。这些行业权威（domain celebrities）在自己行当内均为知名人士，邀请他们成为策略性伙伴（strategic partner）不但能增加课程可信度，更可以他们的名气增加平台人气。其中不少导师竟然是由两位创办人努力"冷电"（cold call，在不认识的情况下致电对方）

而达成合作的，实在是十分难得。

不少内容均"有趣而实用"，如由名模 Jessica C. 教导"接吻技巧"，著名主播张宝华教导"自我品牌"，国际礼仪专家 Dr Nickel Leung 指导"餐桌、品酒、面试礼仪"等。创业类影片方面，政府资讯科技总监（Governement Chief Information Officer, GCIO）杨德斌在 ShowMuse 开设课程《初创募资攻略》，简介香港各公营机构资助计划，或于个别组织进行创投配对，可说是为香港创业者而设的创业宝典。香港网络红人 Asha Cuthbert 的《点菜学英文》课程，就向受众介绍经常令香港人"闻之色变"的食物外语，避免点餐时"手指指"的尴尬。

身为合作伙伴，ShowMuse 会向导师提供全面支持，包括展示动画、拍摄场地与人力资源，甚至有文案为导师撰写讲稿。大部分影片完全免费，网站的收入来源包括广告及举办一些课程后续的活动。例如品尝红酒课程，导师可以通过 ShowMuse 平台举办课程活动，让学员亲自参与其中，因而可以从这种 O2O 的销售模式获得内容以外的收益。

有问有答的影片内容

除了出色的影片内容，ShowMuse 也精心设计受众互动体验。例如，课程影片播放途中，程序接口会自动弹出一些与课程相关的问题。每部影片预设十道选择题，每次播放会随机选出当中两题。除了可以让受众重新集中对影片的注意力，ShowMuse 的个性化学习系统（mobile adaptive learning）也会根据回馈答案，分析出受众对内容的学习程度，以优化课程内容的难易程度，达到因材施教的效果。另外，如果学员对课程内容有问题，ShowMuse

也设程序内的沟通平台（与 WhatsApp 类近），用户将"同班同学"加为好友后就可以进行通讯，交流学习心得，以用户生成内容方式解答疑难。

从大数据找到学习行为

在质量管理方面，ShowMuse 会追踪用户不同的动作行为，作为各项关键表现指标的依据，包括用户暂停播放影片时间、画面点击位置及问答数据等。同时，他们也与浸会大学数学系合作，研发及定时调整合适的算法分析以上的数据，通过大数据提供各种洞见，不断改善内容质量。

内容永不够，从收费入手

ShowMuse 的课程在香港本地化及实用性方面的表现令人非常满意，加上不少具有分量的课程导师，其对内容制作的心思毋庸置疑。然而，基于资源所限，课程影片数量偏低令 ShowMuse 失去不少机遇。我建议 ShowMuse 可以考虑从增加课程收费入手，为导师制作影片提供更大诱因，达到提高内容产量的目的；用户方面则可以通过提供优惠等方式，增加相应的课程需求。不但如此，ShowMuse 权威导师的优势，也有助于其进军 B2B 市场，为企业度身订造专业影片内容！

总结而言，ShowMuse 是诚意十足的内容企业，高质量的内容和创新商业模式都有着无限潜能。期盼在未来，ShowMuse 能够稳占亚洲内容行业的领先位置，更上一层楼！

中国人创办的国际博客

案例 27：LifeHack 博客网
（英语博客·中国香港）

营运初期已具世界排名

2007年，Lifehack 由香港人何乐颂（Leon Ho）成立，主要提供英语内容文章。根据博客统计网站 Technorati 的数据，Lifehack 首年的浏览率排名全球第 41。在营运短短半年内，就吸引了《华盛顿邮报》（Washington Post）及《时代》杂志（Time）等知名媒体专题报道。

顾名思义，Lifehack 为受众提供不同方面的新知及有用秘诀，以提高他们日常生活的工作效率为宗旨。现在，Lifehack 每月有接近 1300 万次的点击量，主要市场为美国、英国、加拿大等英语世界国家的 18～35 岁青年。

Lifehack 的内容主要分为心灵健康、生活态度、理财、工作效率、事业、科技等 6 大类型，并每日上传约 20～30 篇文章。每篇文章均会根据严谨的写作结构，包括标题以"你"作为切入点、在文章起始部分先介绍背景资料、以点列方式逐一介绍生活秘诀及以正面角度写作等。而内容的格式则分为信息图、"金句"图（一幅图片配衬一句精辟的话）及点列形式的指引等，适合发布于不同媒介。

如何选好题？

写作主题方面，Lifehack 以掌握的自身读者的阅读模式及数以千计其他网站内容的大数据为依归，包括了访客浏览时间、次数、页面停留时间及访问页面的次序等各项关键表现指标。按照Lifehack及其他博客各文章的热门程度，编辑再决定未来的文章方向。同时，Lifehack给作者一定程度的弹性，让他们自己提供主题，经审批后同样可以刊登在博客上。文章的编排次序则按照其受欢迎程度排列。

目前为止，Lifehack拥有逾2000名自由职业作者。作者分为受薪及志愿作者。前者每月供稿约一至两次，薪金按文章的受欢迎程度及字数而定。而志愿作者则免费为Lifehack供应文章，Lifehack为志愿作者提供分析工具，让他们自我评估文章质量。不论受薪还是志愿作者，他们的文章只可以独家在lifehack的网站上刊登。

以一幅名为《改善生活的日常轶事》（*Small Things You Can Do Every Day To Largely Improve Your Life*，由Chloe Chong制作）信息图为例，当中清晰地以列点方式撰写重点，内容也与上述编辑方针保持一致风格。一项相当简单的内容项目，竟被转发3000次，Lifehack作者和编辑的内容制作功力可见一斑！值得注意的是，Lifehack有不少如Chloe Chong的华人作者，能够在平台发挥写作潜能。就算是一个以英语受众为主的博客，不同国籍的作者也都能够获得公平对待。

电子邮箱为主要转发途径

然而，Lifehack在脸书只有50万个"赞"，推特的追随者更不足10万，而《赫芬顿邮报》等其他竞争对手的社交媒体追随者动辄比Lifehack超出10倍以上。阅读至此，读者可能疑惑，Lifehack在社交媒体被关注的程度远逊于对手，如何维持如此高的浏览率及转发次数?

答案在于电子邮箱! Lifehack 现拥有 36 万个电子邮箱用户,他们会根据用户所选取的文章类型,向他们发送文章,由此再带动受众转发博客平台的内容项目。

国际级博客,当之无愧

Lifehack 有不少值得称赞的地方。其改善日常生活的内容制作定位,从受众角度而言已经是一个根本性的胜利。就发布渠道方面,利用电子邮箱带动的运作模式,可以避免与其他内容营销人员在社交媒体上的直接竞争。另外,其多重混合模式选题,能够让编辑在绝对理性的数据(数据没有可能完全适合所有人的口味)与人性化的个人考虑中作出平衡,选择出最适当的内容制作角度。

团队结构或有隐忧

Lifehack 的自由职业作者数量大大超过编辑人员。在内容制作量极大的情况下,不同文章的转发次数差距可以逾万,质量参差的情况无法避免。再者,过多作者也可能会造成激烈的内部竞争,令作者们疲于奔命地"突围而出",降低作者参与内容制作意欲,或会成为 Lifehack 发展的一大隐忧。

同时,不少内容供应商都正在努力开展内容本地化的工作,让内容能够深入不同地区社群。作为国际级博客,Lifehack 将会在地区层面面对更激烈的竞争。

总结以上所述,Lifehack 商业模型的成功,有赖于加入数据分析制作内容及建立有效发布渠道,这是一个极具参考价值的内容案例!

走出象牙塔的学术品牌

案例28：JSTOR 学术网站
（学术网站・环球）

收藏逾2000册学术期刊的JSTOR，是最受高等院校欢迎的学术论文品牌之一。2014年10月，JSTOR设立了《JSTOR日报》（JSTOR Daily，www.daily.jstor.org）网上周刊，定期发布学术新闻特稿或专题报道。目前《JSTOR日报》每月吸引近15万次点击量。

反观其他学术期刊平台，例如Project Muse及Science Direct并无提供类似形式的内容；赛吉出版社（Sage Publication）只以WordPress平台设立博客"Sage Connection"（connection.sagepub.com），设计简陋，甚至只能以业余水平来形容；专门提供人文学科论文的Questia在2010年设立品牌博客，但是5年来成效并不显著。

根据BuzzSumo的数据，Questia每日最受欢迎的5个内容项目，在社交媒体的平均转发次数（social shares）只有129.4次；《JSTOR日报》的平均社交媒体转发次数则逾5000次，两者相差达38倍之多。到底JSTOR是如何在学术平台间的竞争中突围而出的？

走向"学者与读者对话"

营销企业MOZ品牌创办人Rand Fishkin曾经提出"相关性等级表"（relevance scale）。这个等级表按照读者与品牌的紧密程度，将他们分为3个等级，包括：现有客户（current customers）、潜在客户（potential customers），及任何与潜在客户有日常接触或互动的社群（any who interact with potential customers）。

在内容制作上，Questia 一般会就等级表中现有客户及潜在客户的读者群，提供论文建议或学习贴士，却同时限制了内容传播力度。《JSTOR 日报》则偏重最后的读者群，着重增加读者的覆盖率。在《JSTOR 日报》的风格指南中，明确指明目标读者为"非专家""对学科有兴趣的业余爱好者"等，采取了平衡"普及化"与"学术知识"的编辑方针。JSTOR 母公司 Ithaka 市场传讯副主席 Heidi McGregor 就以"邀请大众与学者对话以克服两者距离"形容《JSTOR 日报》的营运目标。

博客比新闻更可信？

在出版界的版图中，JSTOR 的市场定位独特，虽然稳占学术界的小众市场（niche market，或称"利基市场"），却未能如一般新闻机构般具备大众媒体的竞争力。为了扩大影响力，难道《JSTOR 日报》要转型为一份真真正正面向广大群众的报纸？

非也！《JSTOR 日报》还有其强大后盾，JSTOR 自家的论文资源。相比一般"调查发现"为题的新闻，《JSTOR 日报》不论在可信性还是文章深度方面，均占据着绝对优势，成功的关键在于其内容能融合新闻与学术两个重要元素。

细看《JSTOR 日报》的团队结构，70% 文章由 4 位常驻专家撰写，其余 30% 文章的作者由编辑邀请。作者专业遍布语言学、历史学、动物学，甚至社会及经济学等领域，作者群截然不同的学术背景，令整体内容更多元化。编辑方面，4 位编辑人员均为新闻工作者，负责将艰深的学术文章，深入浅出地演绎至普通读者能轻易理解的程度。编辑室（newsroom）格局有效让《JSTOR 日报》的内容水平，提升至新闻机构标准。

受研究启发的新闻故事

以《向动物园管理员请教：什么因素令工作变得有意义？》（*What Makes Work Meaningful? Ask a Zookeeper*，由LiviaGershon撰写）一文为例，Gershon先从JSTOR的数据库中查阅有关动物园管理员的论文，再亲身走访Capron公园的动物园，实地采访管理员Nemes。Nemes是大学毕业生，竟然愿意担任动物园管理员，更要在假日做兼职才足以维持生计。报道除了详尽地记录她平日如何照顾动物、训练它们，也刻画Nemes入行的辛酸和心路历程。在Gershon细腻的文笔下，成功将学术层面的讨论，变成充满人文关怀的新闻故事，其后更被Politico Playbook及Longreads等知名网媒转载。

营运不足一年，《JSTOR日报》正积极发掘其他新闻方式，例如建立以学术名词为主题的数据可视化（data visualization）计划。2015年7月，《JSTOR日报》荣获数码出版创新峰会（Digital Publishing Innovation Summit）的"最佳新晋品牌"奖。

通过专业的内容营销策略，《JSTOR日报》成功为JSTOR开拓学术界以外的读者群，不少创新的意念将会陆续到来，让学术从此更贴近大众。由此可见，学术也须走向生活，也应该要懂得包装——君不见打着学术旗号，著名的《哈佛商业评论》也通俗化起来，除文字外，每篇文章均加入插画及图解，否则难以吸引和扩大读者群。

打进中国市场的网络媒体[36]

案例29：VICE原生广告网

（广告网站・环球）

VICE是一个世界知名、专门为青年人制作高品质内容的全球化新锐媒体集团，近年进入中国市场。他们擅于利用原生广告协助客户推销品牌，取得极大的成功。VICE的全球总经理赫西・西蒙（Hosi Simon）更在回答该集团在中国的收益时表示："收益非常好，但还没数钱数到累。"

那么，VICE的营销策略到底有什么值得借鉴呢？简单而言，就是充分利用原生广告为集团谋利。

别让程序挡着广告

大家上网的时候，不时遇到跳弹出来的广告，此时的你会做什么？相信十之八九会立刻把它们关掉，然后继续关注自己有兴趣的内容。有见及此，不少阻挡广告程序（Ad Block）应运而生，当中最流行的是德国Eyeo公司在2006年发布的Adblock Plus。

这个全球流行的免费广告阻挡程序，存在至今已10年，在Firefox、Chrome、Safari、Opera等浏览器平台，和Android移动装置上皆可使用，累积约3亿的下载量，每天为超过5000万名用户过滤广告。根据网站PageFair估计，全球广告在2015年因为免

---

[36] 此节的参考资料：https://read01.com/o46mGa.html；https://read01.com/mEPgmE.html；www.answerlib.org/MzA3MzQ1MzQzNA_1202235295_d4a266f649a0a6ee82a23f989331bfb1.html；http://bbs.cnhubei.com/thread-3902674-1-1.html；www.inside.com.tw/2016/04/25/ad-blocking-is-a-fad-it-is-a-big-challenge-for-brands；www.brain.com.tw/news/articlecontent?sort=&ID=22933

费广告阻挡程序关系，大约损失了220亿美元（1518亿元人民币）。

无论多精心企划的内容，只要被阻挡广告程序发现是广告，最终无一幸免，有的网站为了杜绝阻挡广告程序，可能会要求网民先关掉阻挡广告程序再进入网站，或是要求付费以免去收看广告。然而，道高一尺，魔高一丈，任凭你如何努力，也总难阻止科技的进步，因为总有一天，会有另一些程序出现，破解网站的封锁。

故此，现在做网络营销最首要的，就是要把推销的东西完全融入于文章或影片之中。根据网站 PubNation 调查指出，有71%的原生广告没有被阻挡，读者更愿意接受原生广告，因为其不会干扰阅读体验，甚至原生广告若提供了与新闻内容相关的信息，读者更乐于接收其讯息，甚至主动将内容分享出去。

软文不算是好的原生广告

VICE 的广告企划中还有另一个特色，就是他们拒绝采用杂志或报导形式的付费软文（Advertorial）。

很多人会把原生广告与报导软文混淆，但 VICE 的创办人之一，肖恩·史密斯（Shane Smith）却这样说："原生内容必须与新闻内容一样好，我拒绝付费软文的概念，正确的处理方式应是我司为这个品牌提供一个内容业务，我们做的可不是"贴牌"生意，品牌必须彻底融入到我们构思的内容中。"

学习原生广告本质上虽然是广告，但它以和谐为原则，在不影响读者和网民的使用体验的前提下，传递有价值的广告信息。它与软文的分别在于软文看过之后，读者最终都发现它也是广告。但原生内容就不同，它把产品与内容融合，让读者看完之后，不但不觉得反感，而且被原生内容影响，倒头来去关注品牌。

奥美集团的创始人 David Ogilvy 曾说过，人们买杂志是为了看文章，阅读文章的人是阅读广告的 6 倍。因此，最好的原生广告就是将推销内容当成一种无色无味药，放在食物里，让人吃了也不知，而最终被它暗暗影响。

在 VICE 这个媒体平台上，所有原生广告都是由 VICE 的团队主导，广告的内容策划、创意制作和内容发布都是由他们一手包办。从 VICE 的角度出发，令原生广告不会让用户发觉自己在浏览广告。

案例 30：英特尔（Intel）
（电脑核心制造・环球）

VICE 的其中一个成功例子，就是跟英特尔合作的"创想计划"视频（The Creators Project, www.youtube.com/watch?v=JrD2Ux7YCik），名义上是两家企业合作，内容主要是访问艺术家或科学家，谈论他们的科技及艺术项目，而非英特尔广告。影片中完全没有推销英特尔的产品，但反而是这样，既符合 VICE 的内容定位，也体现出赞助商品牌的特点，网民从中体会到品牌希望传递的理想，从而认同品牌。由于这不是一段名正言顺的广告影片，阻挡广告程序根本无从发挥作用。最终，这个创想计划在 Youtube 累积接近 50 万订阅者，在推广英特尔作为科技先锋的品牌形象上，可谓功不可没。

把准年轻人的脉搏

奥美公关全球董事长克里斯托弗・葛瑞夫兹（Christopher

Graves)认为:"原生广告的作用不是曝光,而是人们对它的感觉。"同时,Graves也指出,要瞄准年轻受众应该选择气质相符的发布平台。

而VICE正在做的,正是如此。在VICE旗下的Viceland频道中,VICE计划每一小时视频内容植入18分钟的广告,而其中一半以上的广告应该是看起来像是Viceland编辑的视频内容,也就是原生广告。其内容大都以年轻人作为目标,从他们的角度出发,视频一般控制在10余分钟,话题多元、视角边缘,街头音乐、性、毒品、战争等,而商品和广告早已在不知不觉中渗入其中。

书籍——塑造企业形象的最佳方式

在当前互联网流行、实体书数量大幅下降的情况下,以一个鲜明题目去出版一册书籍(或一系列,也包括电子版本),仍然是大有可为的策略。由于书籍的长度限制很少,用于阐述一些哲学性命题、管理智慧,以及知识的传承、技艺的转移、推动某种理念或方向等,均为极佳的选择。

企业出版书刊(包括书籍及刊物),很多时候更是"花费有限、效益宏大、影响深远"的公关动作。就如广告公关的需求一样,出版每一册书刊时均需要先确定目标及对象。有时制作一本新书刊是为了内部沟通,有时是为了建立公众形象,有时是希望教育目标群众,或需达到某一特定目标。

制作一本新的书刊,一般方向有4种:

1. 历史性纪念,如企业开幕、上市、10周年、30周年、50

周年纪念专刊；

2.理念的阐述，为某种成就或理念作宣扬。例如：业界的趋势分析、企业管治的架构、企业如何获得最大市场份额等。

3.企业内重要人物的传记，以褒扬其成就，留下其智慧为主。

4.为了特定目标而制作，须按需要作出特殊规划，书籍可能只是其中一部分。

一册优质的企业书刊，可从多方面取得收效：

1.对企业内部同事来说，书刊是企业历史、文化、智慧的记录，是企业历程的实证；也是团结现有及未来同事的工具及向现有及潜在客户展现实力的利器。

2.企业的历史越长久，书籍对智慧传承的作用便越大。新加入的同事可借此学习企业的理念和历史，后来的管理人员可借书本理解创办人的思想。

3.对企业的客户及供应商而言，通过书刊，尤如己方高层亲自把公司讯息告诉对方。即使对方高层并不常见面，但己方资讯也常在他们桌上。

4.试想把一册企业经营理念的新书赠送外国客户时，客户对企业的形象，可说立即提升到令对方尊敬及仰慕的层次。

5.对公众而言，这是系统性理解该公司的好渠道，亦是企业达到里程阶段或成就的证明。

书籍传播与网页传播有什么分别？互联网流行后，差不多所有稍具规模的企业都必备有自己的网页，资料可以迅速地更新。印刷书籍最大的缺点除了印刷需花费一笔金钱外，就是更新费时，印量大于需求时更会被认为不环保。

不过，印刷版书刊却如纪念品一样有它的珍藏价值。一本冠上企业老板名字的书（未必一定由老板执笔，代写也极为普遍），始终代表了他或企业。如果企业地位高企，其客户、供应商、股东，甚至公众，都希望对企业或它的领导人（高层）知道更多——这也是为什么世界级的管理人，如乔布斯（Steve Jobs）、韦尔奇（Jack Welch）或其他跨国公司高层的著作受到公众注目的原因。

说到环保方面，目前已有特别为造纸业种植的树木，并受到防止森林被破坏的非营利国际组织森林管理委员会（Forst Stewardship Council，FSC）[37]监管。该会制定严格标准，通过市场机制，使林区的作业结构和经营能够更加合理，确保经营者在获取利润的同时，不以牺牲森林资源、生态系统或影响社区为代价。采用遵循了FSC原则与标准制造的纸品作印刷用途，印刷品上就可获准贴上FSC的商标。

虽然实体书籍的销售量日渐减少，但社会上仍认为书籍蕴藏了大量高等知识、智慧，大众对出版正规书籍者仍相当尊重。亦因此，当企业出版一本好书，简直就是一场公关胜仗，尤其是当内容被大量引用时，更有能力影响整个行业的运作。

案例31：晶苑集团

（成衣制造业・环球）

香港企业家罗乐风先生年幼时随父亲从内地抵港定居，从小协助父亲从事制衣业务。他20多岁便与太太一起成立了晶苑制

---

[37] https://zh.wikipedia.org/wiki/%E6%A3%AE%E6%9E%97%E7%AE%A1%E7%90%86%E5%A7%94%E5%91%98%E4%BC%9A

衣广，初期经营并不顺利，经历重重风浪后，生意逐渐稳定，工厂规模日渐庞大，至今成为世界三大成衣制造商之一。

工厂1972年建成，至今已有40多年历史。罗先生对聘人用人、管理团队及解决人与人之间的矛盾等方面有极其宝贵的经验。公司转用新型电脑系统，各部门如何从抗拒到接受，罗先生从中得到不少顿悟；对推行可持续性发展的理念，建设全环保工厂，也有独到的见解……为了使理念得以流传，让继承者明白创办时的经历和初衷，更盼望业界能效法环保建厂、永续经营的概念，罗先生决定要把这些历史记录下来，以一册书籍完成以上数个使命。

制作一册书籍，始终并非办工厂的人所擅长，所以晶苑人事部总经理不辞劳苦地四处找寻适当的合作对象，最后找到具有商业背景，又曾在大学教书并出版过四本著作的Write4U严启明（即是本书的作者）。双方一拍即合，过程中访问罗先生及近50位企业内外的同事、友人，奠定书籍内容的基础。

内容以经营理念为主

经过近一年的时间，书籍命名为《大我为先》，副题为：改变自己、改变企业、改变世界。全书详细阐述罗先生及晶苑集团的经营理念，包括某些失败的经历。书籍编辑成七大部分，分别为：晶苑理程篇、理念篇、借鉴篇、团队篇、营运篇、永续经营篇、企业传承篇。

书籍荣获日本最成功的成衣品牌优衣库的主席柳井正先生赐序，中文繁体字版本于2016年3月在香港初次发行。随之罗先生希望出版英文版，Write4U找来一位大学教授翻译、一位从事杂志写作的外籍女士重新撰写，以符合外国人阅读习惯，继于同年

7月出版。通过罗氏基金会的协助，中文简体版获得北京大学出版社合作，于同年10月份出版，通过网上及线下新华书店发行全国。书籍出版后大受各界欢迎，中文繁体版及英文版的增订版现正筹备出版发行。

得到国际认同

最令人欢欣鼓舞的是，中文繁体版出版后得到美国《财富》杂志留意，当他们选择2016年全球"最能改变世界的50家企业"时（这与书名副题"改变世界"相符），选中晶苑集团为榜单上第17名，这也是亚洲区（共8名入选）的最高排名，比一些我们熟悉的世界著名品牌，如麦当劳（排名25），IBM（排名47）更为耀眼。这项成就绝对是世界级的荣誉，成功通过书刊文字吸引到世界的目光。

一站式杰出出版服务

本书作者严启明在香港创立了Write4U公司，Write4U提供的并非一般的出版发行，而是较全面的"特选式"企业服务；范围包括：

1. 建立书籍主题及总体策划。包括：出版目标、定位、主题；建立编采关系、安排内容方向等。

2. 把作者理念疏理成书、搜寻及撰写恰当的内容。

3. 选择语言和形式。如《大我为先》一书以中文简体、繁体及英文为主，曾考虑出版漫画版。对国内企业来说，做一册英文或法文版送给客户，很能提升地位。

4. 认定初稿的写手（需按价钱而定，可以是知名人士）、文字编辑、校阅编辑等。

5. 书中图像的处理：摄影、照片、插图（包括各式画风、漫画、书法等）、资讯图等。

6. 找谁人写序，名气越大越能吸睛。

7. 编订生产计划、时间表、制作预算等。

8. 封面、装订（精装、软精装、仿古线装、平装、骑马钉装等）、纸张（《大我为先》一书采用森林管理委员会核准的环保纸）、印刷（专色、四色、大豆油墨）等。

发行方面包括：

1. 选择出版方式、印刷数量、发行市场、图书馆派送、友好派送等。最新的出版办法可取众筹方式，本书的内地出版社对此相当具有经验。

2. 推广宣传：包括网上推荐、新书发布会（如《大我为先》一书，中文繁体版于香港理工大学举行新书发布，由香港理工大学董事局主席主礼；中文简体版于北京大学举行，由北大副校长主礼）、内部发行、海报、销售点POP、签名会、视频等。

3. 其他配套：譬如制造一件与主题相配的艺术品（绘画、雕塑、水晶器皿等）悬挂于企业大堂中央。企业主题设计（如信封、信纸、纸袋、网站等）加上书刊的主题。

案例32：GlassDoor人才网站

（招聘・美国）

玻璃门（Glassdoor）是一个美国就业信息网站，包含了20万家公司薪酬、员工评价和面试经历等信息。而《笨蛋系列》丛书（For Dummies）则是以英语出版不同知识领域的入门书籍的著名品牌、音乐、计算机、工商管理，甚至语言等范畴皆有涉猎，其主体包罗万象，更以深入浅出的专业内容吸引读者。自1991年起至2016年25年间，该系列已出书2600多种（图3-5）。

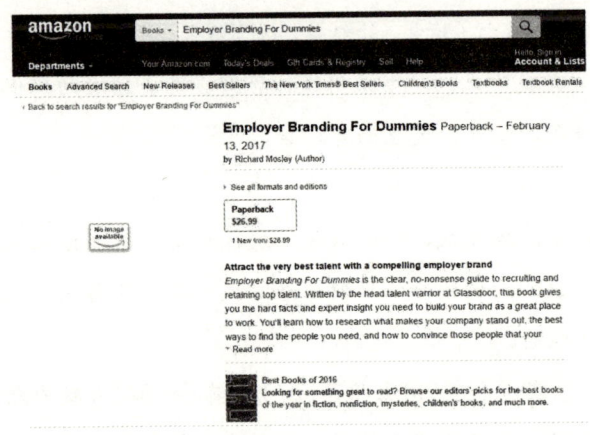

图3-5　亚马逊网上书店中，关于《"笨蛋"系列：雇主品牌战略》的介绍[38]

2014年，玻璃门与《笨蛋》合作推出电子书《"笨蛋"系列：雇主品牌战略》（Employer Branding for Dummies）。这本书成功地由雇主角度出发，解答不少有关招聘的问题。当年，这个内容项目，就为《玻璃门》内容营销中取得27%的客户！

---

[38] https://www.amazon.com/Employer-Branding-Dummies-Richard-Mosley/dp/111907164X/ref=sr_1_1?s=books&ie=UTF8&qid=1482550054&sr=1-1&keywords=Employer+Branding+For+Dummies

INTERACTIVE
互动与人才篇

求求您不要离开!

每当收到取消订阅通知,最伤透心的,莫过于在每封电子邮箱背后默默耕耘的市场营销人员。昔日热心的订阅者,从此与品牌成"陌路人"。此等关键时刻,市场营销人员难免感叹"无力挽回"。到底我们应该如何与订阅者"和平分手"?甚至令订阅者回心转意?

以下介绍一些颇具创意的"分手方式",希望借此重拾订阅者对品牌的兴趣。

案例33:Goupon——订户走了职员受罪
(团购·环球)

当订阅者进入团购品牌 Groupon 的取消订阅页面时,会看见一部影片,显示一名员工坐在 Groupon 的办公室中。影片介绍称该员工名叫 Derrick,他正是负责 Groupon 电子邮箱的工作人员。在影片位置下,有一个按钮写道"惩罚 Derrick"。订阅者按下按钮后,影片随即播放。Derrick 本来如常在计算机前工作。然而,另一个看似他上司的员工正走向他。得悉有订阅者取消订阅电子邮箱后，上司就用水泼向 Derrick。

可怜的 Derrick 顿时倒地，而页面也显示，"我们希望你会开心。想为 Derrick 补偿吗？"的字句，下边则有一个"重新订阅（resubscirbe）吧"的行动按钮（call to action），让 Derrick "获救"。以上搞笑的内容，加上 Derrick 精湛的演技，令人总会想想为 Derrick 着想一下，甚至考虑重新订阅的请求！

案例 34：HubSpot——我们还是好朋友吧？
（数码营销顾问·环球）

面对同样情况，知名营销企业 HubSpot 同样在取消订阅页面上传短片。影片主角为 HubSpot 的营销专家 Dan Sally，他神情无比沮丧，苦苦哀求订阅者不要取消订阅。

"完了，一切都完了""还记得我们一起参与过的网上研讨会吗？""我可以为你改变的！"……整段内容犹如一段为情侣而写的悔过自白书。影片尾声，Sally 更煽情地以"我们还是好朋友吧？"作结尾，期望挽救这段频临破裂的"关系"。你愿意接受 Dan Sally 令人心碎的请求吗？

案例 35：Yankee Candle——订阅停一停，订户抖一抖
（蜡烛·环球）

除此以外，取消订阅与重新订阅之间也可以有不同选择。不少取消订阅的情况，其实只是订阅者不想"约会"次数过于频繁而已。尤其每逢节庆，相信各位读者都曾被订阅邮件"轰炸"电

子邮箱，造成极大滋扰。畅销蜡烛品牌 Yankee Candle 就提供延迟订阅邮件的设定，订户可以选择在节庆后才接收邮件，让他们有"喘一口气"的机会，真正享受节庆假期。

案例 36：Email Monks——订户指定接收频次
（邮箱·环球）

电子邮箱管理品牌 Email Monks 就更为"通情达理"，他们精心设计取消订阅页面，除了"取消订阅"及"重新订阅"的选项外，更让订户修改包括接收订阅频率和订阅内容类型等设定。例如，订户过往会每个星期从品牌主接收 3 篇以文字为主的市场报告，他可以经 Email Monks 调整至每星期只收 1 份总结市场报告的简短信息图。可调整的订阅设定大大增加了品牌与订阅者互动的弹性。

这个策略让订户把接收次数掌控手中，其实他们已通过这种互动与网站产生较深的关系，甚至开始了小小的承诺，故此能有效减少客户流失，这小小技巧，十分值得大家学习。

案例 37：SideKick——先发制人先提"分手"
（邮箱·环球）

当然，取消订阅并非订阅者的专利，品牌也可以说"分手"的！HubSpot 旗下的电子邮箱管理品牌 SideKick 会追踪订阅者是否有阅读订阅邮件。若订户阅读率极低，SideKick 就会先发制人，向他们发出取消订阅的通知函，电子邮箱内容"责怪"订阅者长期忽略邮件，严重伤害了品牌的感情，因此要主动取消订阅者的订阅服务。

不过，所谓"每事留一线，日后好相见"，电子邮箱中也有一个"重新订阅"的行动按钮，让订户回心转意，重投品牌怀抱，一场"打情骂俏"就此大团圆结局。主动取消订阅的动作能够引起订阅者讨厌被忽略的共鸣。若订阅者能够选择继续订阅，更能加强他们日后对订阅邮件的关注。

面对订阅者取消订阅，营销人员往往处于被动角色。其实，我们应该将取消订阅的环节视作使用者体验的一部分，让订阅者感受品牌对他们的关心和热诚。

综合以上例子，生动幽默的内容和多元化的订阅设定选项组合是成功的关键。人性化订阅电子邮箱服务，加上内容营销人员的无限创意，应可打动订阅者"芳心"，重新爱上品牌！

自媒体与网红

随着内容营销逐渐受重视，不少品牌开始自行营运媒体制作内容。不少网民也参与这股"内容"热潮，用户生成内容（user-generated contents，UGC）及自媒体（self-media 或 we media）由此崛起。

根据美国新闻学会在2003年7月发表的定义：自媒体是普通大众经由数字科技强化与全球知识体系相连之后，一种开始理解普通大众如何提供与分享他们自身的事实、新闻的途径。简言之，即公民用以发布自己亲眼所见、亲耳所闻事件的载体，如博客、微博、微信、论坛（BBS）等网络社区。用户生成内容的质量和普及率,很多时候并不逊于由专业媒体所制作的内容(PGC,professionally generated content),并因此造就了越来越多的网络名人,也称"网红"。

常言道"内容为王",我们在世界各地找出几个具代表性的网络名人,看看这几位"网红"如何制作成功的内容……

案例 38:PewDiePie——全球最具影响力的打机青年
(视频·瑞典/环球)

图 3-6　Felix Kjellberg

"打机无出息"?未必!

现年 26 岁的瑞典籍青年 Felix Kjellberg(图 3-6)是一位专注于游戏内容、言语搞笑的"YouTuber"(即专门在 YouTube 上播放影片的网民)。2010 年起,Felix 毅然结束大学生涯,在 YouTube 设立名为 PewDiePie 的影片频道,专门拍摄动作或游戏攻略（gameplay walkthroughs）。

有别于其他的电子竞技攻略网站，PewDiePie 并不侧重于游戏技巧，而是直播游戏实况和玩家的真实反应。有赖于 Felix 极佳的幽默感，他将一段段惊悚游戏片段变成爆笑片段，尤其是 Felix 自己被游戏画面吓到的时刻，往往是影片最"精彩"的部分（人性果然是会将自己的快乐，建立在别人的痛苦之上！）。

除此以外，Felix 也大力支持独立游戏开发者（indie developers，指缺乏游戏发行商财政支持的独立游戏的开发者）。例如，*McPixel*、*Goat Simulator* 及 *Party Hard* 等独立游戏经过 PewDiePie 频道介绍后，营销额大增！

从 *Amnesia: The Dark Descent* 到 *The Walking Dead*，PewDiePie 的点阅率不断上扬。2012 年，其频道在短短两年间上升至 100 万名订阅者；至 2013 年 12 月，PewDiePie 拥有 4000 万订阅者，成为最多订阅者的 YouTube 频道；至 2016 年 5 月，统计频道年度总点击率高达 120 亿次；这个频道的订阅者人数逾 4300 万名！

根据财经杂志《福布斯》报道，单以 2015 年计算，Felix 就从 PewDiePie 赚取 1200 万美元的巨额收入。另外，他也被《时代杂志》评为 2016 年"全球影响力 100 大人物"，可说是 YouTuber 和游戏玩家的传奇！

案例 39：Patoo@Afreeca——年收入数百万元的直播韩童
（视频·韩国）

除了游戏外，还有什么内容可以在网络世界打出一片天？

第三部 理论＋环球案例
INTERACTIVE：互动与人才篇

吃顿饭就可以！

2010年起，韩国兴起"Mukbang"（eating broadcast）热潮。Mukbang的意思是"进食大量食物，同时直播到网上"，一般是指自拍吃喝短片。只要在网上搜索"Mukbang"，类似短片的数量可媲美天上繁星。

现年14岁的韩国男孩金成镇就是因Mukbang风潮成名的网红。自11岁起，金成镇就开始在韩国的艾菲卡电视（Afreeca TV）影片平台上，以网名"Patoo"直播自己大快朵颐吃晚饭的画面，成为该平台最年轻的网主（图3-7）。

图3-7 金成镇以网名"Patoo"直播自己大快朵颐吃晚饭

金成镇的父母在外地工作，他和祖父母共住，而老人家吃晚饭的时间太早，金成镇只好在稍后孤单地进食。他的粉丝都知道，少年最爱吃披萨、炸鸡等快餐以及中国菜。金成镇说，他直播吃饭画面的初衷，是希望有人能和自己共进晚餐。

金成镇的直播地点，就在他自己狭小的房间内，现有超过1000名追随者。每天晚上，粉丝们就会准时在计算机屏幕前观看金成镇的进餐直播过程,然后和他聊天,有的甚至说宁愿看着直播视频吃饭,也不愿陪伴父母。而金成镇每晚的收入,平均可达1000英镑(约1万元人民币),一年下来,达人民币数百万元之多——这真是令人羡慕的工作啊!

案例 40:中国最红 Papi 酱

(视频·中国)

不懂玩游戏,又不愿吃喝致胖?不要紧,清谈也可成为网络名人!

有"内地第一网红"之称的"papi 酱"(本名姜逸磊,图 3-8)是一名中央戏剧学院的毕业生,后来在上海电视台担任编导,2016 年时 29 岁。自 2015 年 10 月起,"papi 酱"频繁上传为时 1~3 分钟的原创清谈短片。

图 3-8　papi 酱的原创清谈短片

她第一个爆红的短片是《男性生存法则第一弹:当你女朋友说没事的时候》(www.youtube.com/watch?v=kliFikuvi1o)在短短一分钟内,她坐在办公室或家里,面对镜头扮演不同角色,用夸张、嘲讽甚至自贬的面部表情及语气把形形色色女性恋爱时的心态表露无遗。其他每一集内，她以类似的手法"一轮嘴"大谈男人、网购、减肥、女性权益、媒体等热点话题，尖锐言辞引发大批网民共鸣，并在不足一年内吸引逾1000万微博追随者。根据内地主流视频网站平台统计，"papi酱"短片总播放量已经约3亿次，平均每段播放量在750万次以上！

虽然"papi酱"因为在短片中提及粗俗用词，而遭广电总局勒令"下线整改"，但也无阻其热潮。2016年4月，上海丽人丽妆公司以人民币2200万元，在广告拍卖会上投得"papi酱"随片广告区块（在短片片头或片尾播放的广告），创造内地单一视频广告最高价格！同月，内地真格基金、罗辑思维、光源资本和星图资本以1200万元人民币，入股"papi酱"的制作团队，持股量约12%。换句话说，"papi酱"的现估值约达1.2亿元人民币！虽然，"papi酱"于2016年年中与罗辑思维等团队因合作方向不同而分手，但业务开展后，"papi酱"已经合作了欧莱雅、闲趣、汤臣倍健，接下来还会看到"papi酱"跟几个国际大品牌的合作，前景还是相当不错。

总结上述案例，制作内容并不需要庞大的开支。只要制作者肯多花心思和创意，或许会有意想不到的惊喜！你是否也有想过成为网络红人，创造一个自媒体，甚至成为下一个内容奇迹？

写篇文章,不用交租

案例 41:BlogFabrik
(共用工作间·德国)

一篇"讲心不讲金"的故事。这个故事讲述了一群自由职业作家如何在没有金钱报酬的情况下,依然愿意为品牌撰写文章!

2015年夏天,共享工作间(也就是近年兴起的 co-working space)Blogfabrik 在德国柏林成立。这个工作间有什么独特之处?让我从它的名字说起。

Blogfabrik 一词,其中"Blog"指博客,而"fabrik"是德语,有工厂之意,全名意为"博客工厂"。Blogfabrik 是一个专门服务自由职业的博客作家的工作平台,由一家设于慕尼黑的媒体及物流公司 Melo 资助。究竟他们在打什么主意?他们为内容制作过程带来了什么创新理念?

阅读至此,可能不少读者会认为 Blogfabrik 只是类似于某些创意产业园的外国版,以类似手法给予作家各项租金优惠。那各位可就"走漏眼"了,其一,柏林没有所谓的"土地问题",所以 Blogfabrik 的作家们没有租金压力;其二,这也不是 Blogfabrik 的成立目的。

那究竟他们在打什么主意?又如何为内容制作过程带来创新理念?谜底就是,作家们的"租金"是他们的文章,无须真金实银!

写字代租不付钱

没错,不用质疑,就是写文章作"租金"!租用工作间的作家需要每月为网上杂志 *DailyBreadMag*(网址:dailybreadmag.de)

提供两篇文章。除此以外，他们也需要负责在各个社交媒体及商业渠道为自己的文章宣传，并在年内为Blogfabrik举办至少一个活动。对于表现优秀者，他们更有机会与Blogfabrik的伙伴机构Kiosk合作，获取额外的工作机会，由"交租金"变成"揾真银"！

这个500平方米的空间，可说是"麻雀虽小，五脏俱全"：光线充足，充满生命的植物摆设随处可见，作家还可以自由使用黑板记录写作灵感，亦可以不时到布置得犹如咖啡店的开放式厨房弄个简餐，不说还以为他们来这里不是为了工作，而是"叹世界"呢！

"工人"众生相

DailyBreadMag，主要针对18～35岁的德国年轻读者。"租客们"撰写的内容，交由Blogfabrik的"厂长"——*DailyBreadMag*创意总监及总编Claudio Rimmele安排，虽说厂长有审核或指派特定主题的权力，但他们的尺度很宽，作家们几乎毫无束缚地选择题材。内容涵盖电子文化、女性主义，甚至恐怖主义等领域。这些主题不但不受限制，形式也不限于文字、图片及影像，诚为Blogfabrik作家们最真挚的人生写照。

Blogfabrik成立一周年时，已招揽了近30名全职作家，他们分别来自摄影、新闻及采编等领域，也有专业的博客作者。这一团队出产过不少杰出作品。例如"I Heart Berlin"（网址：www.iheartberlin.de），现已成为柏林最受欢迎的旅游博客之一。

随着需求不断增加，Blogfabrik正考虑增设折叠桌位置，提供给兼职作家使用，他们每月只需向*DailyBreadMag*供稿一次。此外，*DailyBreadMag*也在2016年4月首次增设英文版本。

生态万变，人才为先

在互联网+时代，媒体生态演变不断，博客作家在出版领域的地位越来越重要，他们自行撰写及发布自媒体内容。有别于一般的广告或社交媒体企业，Blogtabrik的成功，其实是将出版商角色重新改写，辅助更多作者可以独立发行自己的内容。另外，Blogfabrik也通过伙伴机构Kiosk，为旗下作者带来额外工作机会，大大增加了作者制作内容的动机，有利企业或品牌吸引有潜力的内容制作人才。

Tech
超群科技篇

VR 内容，价值万亿

VR 是什么？[39]

虚拟现实（Virtual Reality，缩写为 VR），简称虚拟技术，也称虚拟环境，是利用计算机仿真产生一个三维（3D）空间的虚拟世界，提供用户关于视觉等感官的仿真，让使用者感觉仿佛身临其境，可以实时、没有限制地观察三维空间内的事物。

VR 的技术对年轻人来说并不陌生，其实就像是第一人称电玩游戏一样，让玩家可以随着自己的心意选择走到哪里和看到什么，一切都是自主控制，让使用者享有最大和最佳的自由度。

虽然现在已经有不少人都开始谈论 VR，但是知道它的消费者数量还不多，拥有 VR 设备的人就更少了。但肯定的是，VR 技术绝对有可能会颠覆未来 10 多年的消费和营销生态。

---

[39] 本节的参考资料 www.asl.com.cn/media_detial/126.html；https://kknews.cc/sports/mmzalg.html；https://kknews.cc/news/jp22oe.html；www.wired.com/2016/11/go-behind-scenes-nbas-face-vr-broadcast/；www.theverge.com/2016/10/28/13453388/first-nba-virtual-reality-live-broadcast-stream-impressions

案例42：沃尔沃汽车（Volvo）——虚拟试驾与碰撞汽车
（汽车•瑞典／环球）

沃尔沃汽车是最先应用虚拟实景技术于营销的汽车品牌。2014年，沃尔沃与Framestore VR工作室合作，率先为旗下XC90 SUV型号房车制作虚拟实景影片。

影片分为不少章节，以不同角度和场景拍摄该部新车。观众只要将纸板制成的虚拟实景装置配合智能手机，就可以通过"沃尔沃实景"（Volvo Reality）移动应用程序观赏虚拟实景影片，不用亲自驾车就可以随时随地感受沃尔沃房车的驾驶实况，令品牌体验变得更立体及多元化。无独有偶，丰田汽车（Toyota）也曾于2015年纽约国际汽车展中应用虚拟实景技术，向参观者展示撞车的实况，成为一个富有教育意义的例子。

案例43：万豪国际（Marriott）——超现实的时空转移旅程！
（酒店•美国／环球）

现代城市人工作忙碌，有时甚至懒得去旅行。不用担心，万豪酒店早就想出利用虚拟技术，设计极速虚拟旅游体验。2014年，万豪酒店与英国视觉特效公司Framestore合作推出"时空转移器"（Teleporter）。该转移器是一个户外装置，外表像一个极具科幻感的电话亭。用户步入亭内，戴上虚拟实景头罩后，旋即被"传送"至另一世界，游走在宁静的夏威夷海滩、著名的伦敦商业地标42塔（42 Tower），或是世界各地的旅游景点。

除影像外，时空转移器也配备热风机、地板气泵等装置，营造仿真海风轻吹和湿气等环境。虽然这趟"旅程"只有短短90

秒时间,却为用户营造极为逼真的"4D 旅游"体验!就是这些体验,提醒使用者旅游的好处,更不能忘掉万豪酒店为客户带来与众不同的感受。

案例 44:麦当劳——开心乐园餐送虚拟惊喜!
(快餐·瑞典)

每年 3 月,瑞典都有会举办盛大的华莎瓦萨滑雪节(Vasaloppet)。适逢当地麦当劳成立 30 周年,品牌以虚拟实景游戏应节一番,在当地 14 家麦当劳推出"快乐眼罩"(Happy Goggles)活动。

只要按照指示打开开心乐园的包装纸盒,配上附送的透镜及手机,小朋友就可以尽情体验滑雪主题的虚拟实景游戏"Slope Stars"。这个游戏为小朋友带来前所未有的滑雪乐趣,当然也成为爱上麦当劳品牌的另一原因。

案例 45:纽约时报(New York Times)
(新闻媒体·美国)

2015 年年底,《纽约时报》推出首部虚拟实景纪录片《流离失所》(The Displaced)以及品牌首个虚拟实景移动应用程序 NYT VR。为了配合推广,《纽约时报》也向其订阅者派送 100 万个纸版虚拟实景装置。

《流离失所》记录了 3 名难民在叙利亚、乌克兰及南苏丹共和国战乱中展现坚强毅力的故事。透过虚拟现实的沉浸式体验,读者被置于报道中心,感受镜头前 360°的各项细节,犹如亲临战火现场。利用精湛的编采技巧和崭新的虚拟实景拍摄手法,《纽约时报》成功突破传统媒体二维平面报道的局限，成为领导同行的创举，相信会引发更多媒体争相仿效。

案例46：美职篮NBA
（虚拟实境·美国/全球）

在直播中推广你的产品

"我的天啊！最后5秒！史蒂芬·库里（Stephen Curry）在45度角起身！打板！3分球！太棒了！"

电视屏幕中，史蒂芬·库里和他的金州勇士队友拥作一团，一片喜闹中庆祝投入锁定胜局的一球，整个场馆都沸腾起来！作为球迷，当然希望可以置身其中。可惜门票太贵，或者公务繁忙，未必每位球迷都可亲身到现场感受一切。不过，如果告诉你，足不出户，坐在一个狭小房间内，你也可以置身现场，感受激情一刻，你是否会跃跃欲试呢？

假如你的答案是"Yes"的话，实在要恭喜你，因为NBA Digital与NextVR宣布达成合作，他们将在接下来的每个星期为球迷们提供一场VR版的NBA比赛——一个让你在家亲身感受现场的机会！

惯用社交媒体的读者，可能都会留意到一个趋势，就是几乎所有社群平台，无论是脸书、Instagram和Snapchat，甚至新闻机构都纷纷设置了直播的功能。从这个角度看，直播似乎是不可逆转的潮流。而虚拟现实的出现，更是网络营销和直播结合的一个契机。

网络时代信息万变，人人追求实时性，喜欢接触最快最新的信息。据中国互联网络信息中心发布的第38次《中国互联网络发展状况统计报告》显示，截至2016年6月，网络直播用户达到3.25亿，高达网民的50%，这个浪潮绝不容忽视。

网络直播最大的特点是，真实性和参与感。用户可以亲眼接触，产生真实的临场感，打破了以往图片、视频等进行产品宣传的抽离感。用户戴上VR眼镜后，更能大大提升直播的优点；使用者置身于360°的场景中，随时真实地触碰场景，直接从视觉、触觉、听觉等全方位体验产品，以最切身的形式感受产品的魅力，不再停留在二维的层面。重要的还有，这种技术代表了新潮和型格，切合年轻人爱好潮流的品位。

产业价值万亿人民币

虽然VR产业仍处于起步阶段，可是其前景已经令人羡慕了。单是VR直播产业，就预计能在2020年达到300亿美元的营收。据高盛集团研究报告，2025年VR的市场规模有望达到800亿美元，乐观情况下可以达到1820亿美元。

在可见的将来，不少体育赛事都会进行VR直播的尝试，英超、奥运、美网、高尔夫大师赛、职业拳击等赛事或多或少都会引入VR元素——试想象，假如有天，中超的比赛也能发展出VR技术，接触的观众层面会有多广阔？

在中秋营销活动中，有一家中国地产企业就玩起了"VR带你去月宫买房"。将未来楼盘超现实还原。用户只需扫描二维码，实体样板间、小区外景、周边配套等，足不出户都能体验到。可见，虚拟现实将有很大的发展空间。

应用千变万化

以上应用虚拟实景技术的例子涵盖了汽车、旅游、饮食、体育及传媒行业，但都不过是真实应用中的一鳞半爪。只需价格低廉的视觉装置，用户就能轻松感受虚拟实景内容的震撼力，整体用户品牌体验也得以提升，更可体会一些遥远距离（外地旅行）、难以接触（外层空间、深海、新闻现场）及危险灾难（天灾人祸）情况。虚拟实景将会为营销、电影、游戏、旅游、媒体、科技等众多行业带来革命性的改变，各种软件、硬件将陆续登场，百花齐放、美不胜收！

人们常说，天下武功唯快不破，营销亦然。科技日新月异，网络营销只有追逐时代脉搏，更快更新，方能立于不败之地。正如加州 NBA 球队金州勇士老板皮特·库伯（Peter Guber）认为虚拟现实将会改变时代："这不是一切的终点，也算不上新生，而是萌芽之前刚刚开始的破土。它的态势不是积蓄的水洼，而是奔涌的海啸。这是一场平民和大师接触过程中的变革，它终将席卷方方面面。"

尤其是，当亚马逊、苹果、脸书、谷歌、微软和其他的一大堆世界著名厂商也准备来为它创造更轻、更好的硬设备时——您，及您的企业，准备好了没有？

过滤一下，半年内增长 300%

当科技迷们还在跃跃欲试近年来大热的虚拟现实技术时，主打扩增实境（Augmented Reality, AR）的 Snapchat 早已虏获全球的社群达人,成为年轻群体,特别是25岁及以下用户的新宠!到底Snapchat有什么魅力,可以抢占年轻人的市场?

扩增实境是什么?与虚拟实境又有什么不同?二者其实都是将虚拟世界与现实结合,以三维方式让参加者与虚拟世界即时互动。据维基百科的定义,所谓扩增实境,是一种把虚拟化技术加到使用者感官知觉上再来观察世界的方式。例如把一个虚拟的三维的玫瑰花影像放在一个真实的花瓶里,而且随着使用者在房间里走动,还要让这个虚拟玫瑰花固定在那个位置[40]。AR比较简单,通常是通过一个导体把参加者带入电脑的虚拟世界之中,参加者无须穿戴设备,只是在屏幕上看到自己与虚拟环境的互动;而VR则配戴视镜,更进一步把虚拟带到参加者四周,甚至可手触到虚拟的物品。

案例47：SnapChat
（扩增实境 • 全球）

Snapchat应用扩增实境的地方,是其最强大的功能——Snapchat滤镜（Snapchat Lenses）。从普通用户到大牌明星,几乎无人不为程序内各式各样的滤镜疯狂。人们在使用Snapchat拍照或录像时,可以选择不同样式的滤镜,实时制作五花八门而创意度高的特技效果（虽然有时颇为怪异）,曝光度最高的"吐彩虹"及"调换脸孔",就是目前最受欢迎的Snapchat的皇牌滤镜,而"吐狗舌"及"装脸红"等也是令人难以抗拒的特效！

---

[40] https://zh.wikipedia.org/wiki/%E6%93%B4%E5%A2%9E%E5%AF%A6%E5%A2%83

2016年1月，直至Snapchat滤镜商店短暂关闭前，Snapchat滤镜的每天使用次数逾1000万次。之前，Snapchat滤镜定价为每片滤镜0.99美元。后来，Snapchat滤镜商店重开，同时宣布所有用户均可免费使用滤镜功能。目前为止，每天使用滤镜的Snapchat次数已经达到3000万。从2016年年初至今，由收费到免费，Snapchat滤镜在短短两个季度内，成功令使用次数增长3倍，成绩非常骄人！

案例48：佳得乐（Gatorade）
（饮品·全球）

赞助专题滤镜

Snapchat滤镜也成为不少品牌营销的"武器"。例如，运动饮品佳得乐（Gatorade）在2016年2月美式足球赛事超级碗时（Superbowl），与Snapchat合作，仿效超级碗传统"佳得乐之浴"（Gatorade Shower，比赛胜出队伍将佳得乐饮料泼向教练或功臣庆祝），推出同名的滤镜。短短两天内，这款滤镜使用次数逾1.65亿。美国快餐品牌Taco Bell也在墨西哥的5月5日节（Cinco de Mayo）赞助推出"墨西哥卷饼"滤镜：一个将Snapchat用户的样貌变成墨西哥卷饼的特效，竟然在一天内吸引2.24亿的点击！

从以上两例子可见，Snapchat滤镜毋庸置疑是崭新有趣的电子广告方式。它不但冲击了脸书及Instagram等社交媒体"大户"，更颠覆了传统电子营销的广告格式。

崭新的广告形式

广告太多，是现今电子广告业界面临的最大危机。媒体策划者（media planner）往往有僧（媒体）多粥（资源、金钱）少之叹，即使以竞投方式的广告程序化交易来降低成本，广告空间本身的质量或效益却始终未能保证。

相对而言，Snapchat的过人之处在于每天只会发布一至两款赞助滤镜。由于赞助滤镜的数量有限，相互间很少出现"竞争"。Snapchat设定向广告商收取滤镜赞助费用的上限为每天75万美元，品牌获得极高的收看率之余，亦获得成本效益保证。这与购买电视广告的原则相近，播放广告的时段有限，因此能保持一定的观众关注度。在社交网络的大时代，Snapchat恰恰巧妙地发挥了这种特性。

不论电视或网上影片，总是会"被收看"一些入侵式广告（interrupt advertising），令人好不厌烦，这往往也破坏了观赏影片的雅致。Snapchat用户则可以自由选择收看长度有限的品牌影片，或直接选择使用品牌赞助的滤镜。即使在影片播放过程中，用户也可简单一"扫"就能退出。Snapchat的广告策略，在传统与数字的交汇中实现自己独特的市场价值，它摒弃"捆绑式"的广告体验，使其能更加贴近用户，也获得广告商的欢迎。

"社交"与"通讯"双重身份

Snapchat虽然是属于社群媒体类别的移动应用程序，但它的本质仍是通讯软件，这个特点让Snapchat能避免与其他媒体平台产生直接竞争。观察Snapchat的设定，其传送讯息的方式有单对单的私人对话，也有公开发布的选择。在滤镜经常更新的情况下，这个安排能促进用户在进行对话时，也可以利用品牌定制的滤镜沟通，为对话带来新鲜感。加上这类对话的沟通者关系密切，也大大增加了广告发挥的效用。

在中国，Snapchat 现在仍未普及。可是，各大媒体或品牌都开始应用 Snapchat 进行内容营销。如果所针对的群组是中小学甚至大学生的年龄群，Snapchat 也许能成为您下一步营销的好拍档。

本书至此告一段落，读者可以看到内容营销力量无穷，案例亦俯拾皆是。谨借此抛砖引玉，望有更多的书籍纷纷出场。

读书笔记

读书笔记

— 好书是俊杰之士的心血，智读汇为您精选上品好书 —

作者谈人生、谈事业、谈成功，向我们展示了一个充满灵性的生命旅程，具有思想启迪与行动指导意义。

央视百家讲坛大咖鲍鹏山、韩田鹿、郦波联袂推荐，已使成千上万企业家学员受益！

从逻辑的起点，到形式逻辑的三大基本规律和基本推理，再到19种逻辑谬误等概念浅近直白地呈现出来。

本书通过演说智慧、销讲智慧、导师智慧、领袖智慧帮助企业家提高演讲水平，更好地"为自己代言"。

让更多的家长掌握家庭教育的方向和方法，增加家庭的幸福感，提升全民的整体素质和生命的品质。

以小说生动细腻的笔触＋专业的职业生涯指导，写就一部毕业十年最感人职场与爱情双丰收励志小说！

购书通道

智读汇淘宝店

智读汇微店

— 关于"书课联盟伴你成长"的温馨提示 —

我们倡导学以致用、知行合一，特别推出互联网时代学习与成长群。所有"智读汇·名师书苑"的精品图书背后，都有老师精品课程值得关注。

欢迎关注、加入我们为每一本书量身定制的书友社群（微信客服：zhiduhui9），通过从图书到微课分享到线下课程与入企辅导等全方位、立体化的尊贵服务，助您突破阅读、卓越成长！

书 好书是俊杰之士的心血，智读汇为您精选上品好书。

课 首创图书售后服务，关注公众号、加入读者社群即可收听/收看作者精彩微课，还有线上读书活动，聆听作者与书友互动分享。

社群 圣贤曰："物以类聚，人以群分。"这是购买、阅读同一本书的书友专享社群。以书会友，无限可能。

欢迎咨询作者课程，希望到课堂现场聆听作者精彩分享请与我们联系，我们共同分享阅读、学习与成长的乐趣！咨询电话：13816981508

——好书是俊杰之士的心血，智读汇为您奉上 20 堂写作课——

关注"书课联盟"公众号，
"在线课堂"中免费试听

—智读汇系列精品图书诚征优质书稿—

  智读汇全媒体出版中心以"内容+"为核心理念的教育图书出版平台，与出版社及社会各界强强联手，整合一流的内容资源，多年来在业内享有良好的信誉和口碑。《培训》杂志理事单位，及众多培训机构、讲师平台、商会和行业协会图书出版支持单位。

  向致力于为中国企业发展奉献智慧，提供培训与咨询的培训师、咨询师，优秀的创业型企业、企业家和社会各界名流诚征优质书稿和全媒体出版计划，同时承接讲师课程价值塑造及企业品牌形象的音像光盘、微电影、电视讲座、创业史纪录片等。

  出版咨询：13816981508（兼微信）